Nachrichten aus der Anderen Welt
von einem,
den sie Rudolph nannten

Iris & Martin Magin

Nachrichten aus der anderen Welt
von einem,
den sie Rudolph nannten

Mediale Übungsgruppen
2021

Band 4

Bibliografische Information der Deutschen Nationalbibliothek:
Die Deutsche Nationalbibliothek verzeichnet diese Publikation in der Deutschen Nationalbibliografie; detaillierte bibliografische Daten sind im Internet über dnb.d-nb.de abrufbar.

TWENTYSIX – der Self-Publishing-Verlag
Eine Kooperation zwischen der Verlagsgruppe Random House und BoD – Books on Demand

© Alle Rechte liegen bei den Autoren

Herstellung und Verlag:
BoD – Books on Demand, Norderstedt

ISBN 9783740787523

Es ist ein Wimperschlag,
es ist ein Gedanke,
es ist eine aufbauende Intention
und du wirst erkennen,
dass wir in deiner Nähe sind,
dass wir dich führen,
auch wenn die scheinbaren Probleme,
die dich umgeben, so groß sind,
dass du daran verzweifeln magst.

Rudolph 2021

Inhaltsverzeichnis

I. Einführung *1*

II. Für den literarisch anspruchsvollen Leser *3*

Vom Loslassen und Träumen *4*

Der Dank an uns selbst *10*

Unsere Aufgaben *13*

Du bist niemals allein *15*

Deine Einzigartigkeit *18*

Der Dirigentenstab *20*

Ich bin ich *23*

Das Treffen von Entscheidungen *27*

Der Handschuh *31*

Deine Position annehmen *35*

Die Demut hineinfließen lassen *39*

Nein-Sagen *42*

Das Potential erkennen *46*

Das Daheim-Sein *50*

Die Freiheit wählen *54*

Das Innere erspüren *58*

Die Hoffnung *64*

Die Antwort kommt *67*
Den Rhythmus vorgeben *71*
Die Verbindung leben *74*
Aktiv den Weg wählen *77*
Worum geht es in diesem Leben? *80*
In die Falle geraten *84*
Scheinbare Probleme *88*
Das Formen der eigenen Meinung *90*
Die Welt als Spielraum *93*
Wie gehe ich mit mir selbst um? *96*
In der Einheit sein *98*
Ein neuer Zyklus entsteht *100*

Zur Beachtung *103*
Danksagung *104*

I. Einführung

Das vorliegende Buch umfasst die Dialoge von Juni bis Dezember 2021 mit „Rudolph" in der Regel mit Teilnehmern unserer wöchentlich stattfindenden medialen Übungsrunden. Rudolph ist eine „geliehene Persönlichkeit", die einst tatsächlich als Physiker in Deutschland lebte und die uns als „Dialogpartner" dient, um mit dem All-Einen in menschlicher Weise kommunizieren können. Als „Rudolph" sich Martin und mir am 14. September 2019 offenbarte ahnten wir nicht, dass er in den darauffolgenden Monaten ein liebevoller und inspirierender Freund unseres alltäglichen Lebens werden würde. Mehrmals wöchentlich „begegneten" wir uns seitdem: Martin fiel in einen Voll-Trance Zustand, Rudolph übermittelte seine Botschaften aus der anderen Welt und Iris übernahm die Rolle der Dialogpartnerin. Wir tippten die Aufnahmen ab und es entstanden die ersten 3 Bände von Rudolphs „Botschaften aus einer Anderen Welt."

Dieser 4. Band umfasst Botschaften, die Rudolph im Rahmen unserer Medialen Praxisgruppen durchgegeben hat. In der Regel praktizierten wir erst gemeinsam unsere Medialität, bevor Rudolph uns am Ende noch mit für ihn relevanten Themen inspirierte. Anders als bei Einzel-Sitzungen ließ Rudolph im Gruppenkontext nur sehr selten gestellte Fragen von anwesenden Teilnehmern zu. Die Teilnehmer konnten jedoch in Gedanken Rudolph Fragen stellen oder um Klarheit bzgl. ihrer Probleme bitten – ohne dass wir von ihren Fragen Kenntnis erhalten hätten.

Die Teilnehmer dieser unterschiedlichen Praxissitzungen variierten über die Zeit. Für uns, Martin und mich, war es daher spannend zu erleben, dass bei wechselnden Teilnehmern Rudolph bestimmte Themen immer wieder einmal wiederholte. Ob dies der aktuellen gesellschaftlichen Situation, dem uns unbekannten Interesse der Teilnehmer oder

Rudolphs persönlicher Intention zuzuschreiben ist, ist für uns noch nicht geklärt. Tatsächlich berichteten uns mehrere Teilnehmer nach den Sitzungen, dass sie Antworten auf ihre inneren Fragen bzw. Hinweise zu aktuellen Problemen erhalten hatten.

Auf Fragen von anderen Lesern des ersten Buches ob das, was Rudolph uns vermittelt hat auch auf sie (die Leser) zutrifft antwortete Rudolph eindeutig:

...Und mit dir meinen wir, zum einen dich (Iris), *die du sitzt vor mir, nein, ihn* (Martin) *jetzt hier im Raum und gleichzeitig dich, der du gerade dieses Buch in Händen hast und diese Zeilen liest. Du wirst nun direkt angesprochen von uns. Denn nur dadurch, dass du aufgeschlagen hast dieses Buch und deine Augen treffen auf jene Zeilen, nein, diese Zeile, die gerade von uns gesprochen wird, bedeutet, dass du im Kontakt zum einen mit dir bist, zum anderen mit uns bist. Und über dieses Suchen dich mehr und mehr findest und mehr und mehr Erkenntnis bringst in diese Welt, für dich und für die, die um dich sind. Danke dafür, danke dir.*[1]

Rudolph geht es nicht nur darum zu zeigen, dass jeder „Mensch mit reinen Herzen" selber wahrhaftige Dialoge mit der Geistigen Welt pflegen kann. Sondern:

„..., wenn wir zweifeln, zerstören wir, wenn wir in Angst leben, reduzieren wir uns auf das, was nicht wirklich existiert und wenn die Furcht dann noch dazu kommt, dann fehlt die Hoffnung. Und genau das ist das, was wir brauchen, was ich dir geben möchte:

Hoffnung, Unterstützung und Freude
für das, was jetzt ist und das, was kommen wird."[2]

---

[1] Siehe Band 3, Kapitel 24.08.2020
[2] Siehe Band 4, Kapitel 05.10.2021

II. Für den literarisch anspruchsvollen Leser

Die vorliegenden Texte wurden von Original-Tonbandaufnahmen von Inge, einer der Teilnehmerinnen der wöchentlichen Praxisgruppe abgetippt und von unserer guten Freundin Renate korrigiert. In Anlehnung an die ersten 3 Buchbände sind die Botschaften von Rudolph in kursiver Schrift gekennzeichnet worden. Alle anderen Textbausteine (z.B. Teilnehmer-Fragen oder von uns vorgenommene Wort-Ergänzungen) sind in regulärer Schrift formatiert worden sind.

Aus einem anderen Jahrhundert stammend, pflegt Rudolph einen eignen Kommunikationsstil, der aus unserer heutigen Sicht, verschachtelt und anspruchsvoll erscheinen mag. Daher haben wir uns die Freiheit genommen in besonders komplexen Textpassagen mit Klammern „()" und Aufzählungsformaten Sätze „lesbarer" zu gestalten, sowie Worte zu ergänzen „(Wort)" von denen wir annahmen, dass diese im Raum standen, aber nicht von Rudolph explizit genannt wurden oder undeutlich ausgesprochen wurden

Rudolph hat die Angewohnheit auch „grammatikalisch" besondere Akzente zu setzen. Diesen grammatikalischen Stil wollten wir nicht verändern und übernahmen bewusst an mancher Stelle, die von Rudolph gewählte grammatikalische (Verb-)Form. Beim wiederholten Lesen der Texte und dem gezielten Setzen der Satzzeichen entwickelte sich bei uns bisweilen der Eindruck, dass Rudolph mit der gewählten Satzform und Grammatik auch über die reinen Inhalte hinaus, in Rhythmus, Verschachtelung, etc. etwas Drittes, nicht sofort Greifbares, vermitteln wollte. So geht es uns im vorliegenden Band nicht primär darum ein sprachlich lupenreines Buch zu präsentieren, sondern um die möglichst authentische Abschrift der Botschaften, die die Gruppen-Teilnehmer durch Rudolph vermittelt bekamen.

Vom Loslassen und Träumen

Schön ist es immer wieder, wenn man in eine Anspannung kommt, diese Anspannung tatsächlich anwachsen zu lassen bis zu einem bestimmten Punkt. Man erkennt, der Zenit ist erreicht, dann lässt man diese Anspannung einfach wieder los. Wichtig ist es dabei, jedes Mal zu erkennen, an welchem Punkt der Amplitude man sich gerade befindet. Zu erkennen, wo der Weg, den man gerade beschreitet begonnen hat, wo und wann man sich befindet auf dem Weg nach oben, den Moment des größten Ausschlages auch wahrzunehmen und dann wieder loszulassen, und zu erkennen, ja es geht wieder zurück. Und so sind denn alle jene Momente, die wir erleben, seien es die schönsten oder seien es die, die uns tatsächlich Schmerz bereiten, immer Momente, die vorüber gehen. Wenn nicht bleiben die Gestirne dort wo sie sind, nicht hält die Sonne sich auf einen Punkt über einen langen Zeitraum, sondern die Bewegung ist das, was diese Welt hier ausmacht. So ist denn alles vergänglich was wir erleben, wir selbst auch hier in dieser Welt. Zumindest nehmen wir es so wahr. Das kann und soll und wird uns Hoffnung geben für alle jene Momente, die wir erleben. Und gleichzeitig dürfen wir doch erkennen, dass nur das Leben im Hier und Jetzt das ist, was uns tatsächlich ausmacht. Und das sollte uns Kraft und Freude und Stärke geben, denn wir wissen die Vergangenheit ist vergangen, die Zukunft ist noch nicht da und wir leben jetzt. Und in diesem „Jetzt-leben", das gilt es auszudehnen, unser Bewusstsein in diesem Moment so eng so verbinden, dass wir uns selbst spüren. Wann immer wir unser Bewusstsein wieder scheinbar verlieren, zurückzuführen ins Jetzt und dort zu bleiben und zu erkennen, egal was wir gerade tun: Sei es, dass wir warten, sei es, dass wir hasten. Zu erkennen, es immer dieser eine Moment, das Jetzt.

Wir brauchen und dürfen uns Freiheit nehmen: Wir dürfen ablegen Last, Belastungen und Anhaftungen. Und die Wünsche der anderen dürfen wir dort liegen lassen, wo sie sind. Wir brauchen uns nicht das Joch überzustreifen und die Lasten der anderen zu tragen. Warum sollten wir dies auch tun? Reicht es nicht uns, für uns selbst zu sorgen? Reicht es nicht, dass ich das tue, was mich Tag für Tag... bewegt? Was ich bewegen kann? Warum sollte ich übernehmen die Ängste und Sorgen und die Furcht des Anderen, der Dritten, all jener anderen? Wohl wissend, dass wir alle verbunden sind und eins sind? Reicht es aus Energie, Kraft und Sorge, Fürsorge für mich selbst, auf dieser Welt umzusetzen?

Wenn andere auf mich zukommen um mir ein Päckchen geben, das sie eigentlich sollten tragen, ja tragen können. Dann, dann darf ich sagen: „Nein, danke". Oder freundlicher noch: „Danke, aber nein. Das nehme ich nicht an. Ich lasse deine Sorgen, deine Furcht, deine Ängste bei dir und ich bleibe hier im Moment."

Wenn ich erlebe das Leben so, wie die Flamme im Kamin den Augenblick erhellt und ich die Schönheit des Lebens erkenne in dieser Flamme: Sehe, dass die Asche, die Asche ist und damit das Vergangene. Sehe das Holz, das darauf wartet verbrannt zu werden, die Zukunft ist, sie ist vorhanden, sie wird nicht genommen. Und sehe dann die Flamme, diese schöne züngelnde Flamme in ihrem Farbspiel. Dann erkenne ich die Schönheit des Momentes und kann mich fallen lassen und versinke und bin. Dann bin ich einfach: bedingungslos, ganz tief, ganz hell. Und ich erstrahle und erleuchte und erleuchte den Morgen.

Doch ... gibt es Fragen?

TN 1: Ich habe seit einiger Zeit sehr anstrengende Träume, und was mich eigentlich am meisten beschwert, dass diese Energie auch, wenn ich dann wach bin, über Stunden ich mit mir trage. Ich finde es schwierig damit umzugehen.

Lass es sein, lass es los. Lass es dort, wo es ist. Träume sind Träume. Sie gehören in die Nacht, sie gehören in die Zeit, in der du nicht aktiv bist. Das Übernehmen des Traumes in den Alltag ist (genau wie du es sagst) eine

Belastung, die dir nicht hilft im Jetzt und im Hier zu sein. Durchschneide und durchtrenne die Seile und die Bänder, die dich halten und verankern mit den Träumen. Und verlasse dich darauf, dass ein Traum ein Traum ist. Wenn du aufwachst, lass es hinter dir bewusst und aktiv. Die Verarbeitung, die notwendig war in dem Traum ist geschehen in dem Moment in dem geträumt wurde, was an Bildern zu dir kam. Doch nichts hat es zu tun mit dem Alltag. Wenn möglich, dann drehe jedes deiner Träume, dergestalt, dass herauskommt das positive Ergebnis. Und drehe und finde, wann immer du belastet wirst durch Traumbilder, Schimären, drehe dann im bewussten Zustand, im Wachzustand die Geschehnisse des Traumes ins Positive. Finde einen Ausweg und lass es liegen dort, wo es war. Ob das schon hilft?

TN1: Ich werde mich so verhalten, ja und dann sehen, was es mit mir macht...

I: Was machst du, wenn du aus einer Nacht aufwachst und dich nicht an die Träume erinnerst. Sondern ein Grundgefühl hast, das einfach (sagen wir mal) einfach nicht schön ist?

Das Kommen in Bewegung, der Morgengruß, der Sonnengruß gaben mir in meiner Zeit, als ich auf dieser Erde war, das Bewusstsein zurück, für das, was wesentlich und wichtig ist:

- o *Das Spüren des physischen Körpers hier auf dieser Erde,*
- o *das Freimachen der körperlichen Bewegung durch Anspannung und Entspannung,*
- o *zu erkennen, dass ich im Hier und Jetzt lebe und nicht in der Vergangenheit,*
- o *das Loslassen von dem, was geschehen ist*
- o *und manchmal auch eine kalte Dusche.*

Ob das hilft?

TN 1: Mal sehen...

Tun, einfach tun...

I: Dürfen wir noch eine Frage stellen?

Ja.

I: Hat jemand noch eine Frage?

TN 2: Bevor ich abends in den Schlaf gehe, richte ich mich geistig aus mit der höheren Welt und bitte darum, dass ich unterrichtet werde. Ist das richtig, dass ich mich ganz konkret in eine Richtung, ja ein Zielpunkt ausrichte oder genügt es, wenn ich diese Intention setze?

Niemals bist du außerhalb einer Verbindung mit der geistigen Welt. Rund um die Uhr, sprich: immer im Hier und Jetzt, bist du verbunden. So ist es immer förderlich und unterstützend, wenn du setzt deine Intention, deinen Wunsch und lässt diese dann los. Du kannst jederzeit und immer, und ohne, dass du dir Sorgen machen müsstest, es würde nicht ankommen, eine Intention setzen. Der beste Zeitpunkt ist immer das Jetzt und auch zu aktiven Zeiten im Alltag. Beim Übergang in den Schlaf jedoch hindert ein zu starkes Fokussieren deines Geistes, deines Bewusstseins auf einen Punkt die Entspannung, die du suchst im Übergang zum Schlaf. So ist es denn förderlicher und unterstützender für dich, wenn du dich bereit machst und dich hingibst dem Weg in den Schlaf, mit Dankbarkeit zurückschauend auf das, was getan wurde von dir, was geschehen ist am Tag. Und mit Dankbarkeit hinüber zu gehen in die Traum- und Schlafwelt, um zu finden das, was du brauchst: Entspannung und Ruhe.

Konntest du das verstehen?

TN 2: Ich danke sehr für diese Antwort, das ist sehr hilfreich. Wie ich es verstehe, ist es weniger das Machen, das ich die Intention abgebe, als mehr das Empfangen, dass ich das bekomme dann in der Nacht, was für mich richtig ist und dass ich da gut schlafen kann, ich mich entspannt zurücklehnen soll, so habe ich es verstanden...

(Rudolph unterbricht): Gib dich hin und finde Ruhe und Kraft und Entspannung in der Zeit des Schlafens.

TN 2: Danke

So gerne...

...Und es ist noch Zeit, es ist noch eine Zeit für eine Frage?

TN 3: Rudolph, was verbindet mich mit den Pyramiden als Bauwerk?

Verbunden bist du als Baumeister mit der gesamten Welt, mit jedem und all jenen, die jemals gelebt haben, jetzt leben und leben werden. Du bist Teil dieser Erde, Teil dieses Universums, Teil all dessen, was hier lebt, kreucht und fleucht und existiert auf der Erde. Du findest und erkennst dich in jener großartigen Architektur, die da gebracht wurde auf die Erde von anderen. Erkennst dich in deiner Größe dort in jenen Bauwerken wieder. Und staunst jedes Mal, wenn du in Verbindung bist mit dieser Geometrie, dass du Glaube, Hoffnung und Stärke findest in jenen großartigen Werken, die hinüber und übergewachsen sind über die Fähigkeiten der Menschen, die sie letztendlich gebaut haben. Es ist dein Dank an das Universums, dein Dank an die Geistige Welt, wenn du in Begeisterung vor jenen Bauwerken stehst, erkennend, dass es mehr gibt als das, was der Mensch sehen kann, wahrnehmen kann, fühlen kann. Und dass alles möglich ist, auf dieser Welt, weil bereits alles geschehen ist auf dieser Welt. Du aber, in Ehrfurcht stehst vor jenen Bauwerken. So sind sie nichts anderes als ein Aspekt dessen, was dich begeistert. Aber doch ist es ein wesentlicher Aspekt in deinem Leben. Zudem begeistert dich die Akkuratesse, die Klarheit, die Genauigkeit, das Exakte. Nimm dies weiterhin mit in deinen Leben und hinterfrage nicht, was, wie und wo. Sondern lebe deine Begeisterung, lebe und zelebriere dich mit dir in deiner Verbindung mit der Welt, der Menschen und der Geistigen Welt.

Ob das verstanden wurde?

TN 3: Ja...

Dann verlasse ich euch jetzt und freue mich auf eine Wiederholung dessen, was wir heute hier tun. Und wir werden uns wiedersehen und hören.

Der Dank an uns selbst

Wenn ich in die Verbindung gehen wollte mit mir selbst und auch dann über mich hinaus mit den All-Einen und mit all jenen, die da leben und lebten auf dieser Welt, leben werden auf dieser Welt, dann setzte ich mich zu meiner Zeit damals, an einen ganz bestimmten Ort, auf einen ganz bestimmten Stuhl, in meiner Wohnung und in meinem Haus. Und zündete zunächst eine Kerze an, um über diesen Akt und über dieses Ritual eine Verbindung aufzubauen. Deutlich zu machen, ein sichtbares Zeichen zu setzen, dass ich jetzt bereit bin, diese Verbindung aufzubauen und dass ich tatsächlich etwas hören wollte, etwas erleben wollte, etwas spüren wollte, das entsteht in mir im Kontakt mit der Geistigen Welt, mit dem All-Einen. Das war mein Wunsch dabei.

Über viele Jahre hinweg habe ich genau dieses Ritual auch angewandt, habe es umgesetzt. Und für mich war das jedes Mal, wenn eine Kerze angezündet wurde, egal, wo ich mich gerade befand, sei es auf Reisen, sei es zu Hause, sei an Weihnachten oder an anderen Tagen (an jenen dunklen, an denen die Kerze doch öfter angezündet wurde), jedes Mal merkte und spürte ich, dass allein das Reiben des Streichholzes an der Zündfläche, das Riechen des verbrannten Schwefels, die Helligkeit, die plötzlich entstand für mich, eine solche, wohlige und warme Situation, das ein solches Gefühl entwickelte, dass ich gleich entspannter war und tiefer gehen konnte, Ruhe fand und Zuversicht sich breit machte.

Nach vielen Jahren aber entdeckte ich, dass es nicht notwendig war ein Ritual auszuführen, etwas zwischen zu stellen zwischen mich und die Geistige Welt, das All-Eine. Sondern, dass es möglich war, durchaus direkt und unmittelbar mit dem Aussprechen eines Gedankens, ja mit dem Setzen der Intention selbst, schon war die Verbindung da. Nicht bedarf es irgendwelcher Hilfsmittel oder erweiterter Rituale: das Verdunkeln eines Raumes, das Spielen von Musik, das Singen oder ähnliches. Nein, notwendig war das nicht. Ich konnte jederzeit, zu jedem Zeitpunkt, wann immer ich es wollte, die Verbindung spüren zwischen mir und der Geistigen Welt, zwischen mir und euch, zwischen und mir dem All-Einen, denn dann war ich in der Verbindung und die Verbindung war ich.

Genau das ist das, was ich hinausgeben möchte heute an diesem Abend zu euch, dass es nicht notwendig ist, sich anzubinden an andere, an Dritte, an jene, die vorne stehen auf der Bühne, jene, die moderieren, jene, die von sich sagen, dass sie wüssten, wie es geht. Denn ihr selbst habt in euch all das Wissen, was ihr braucht, was ihr benötigt, um diese Verbindung wahrzunehmen.

Wichtig aber dennoch ist es, in Kontakt zu treten und in Verbindung zu sein. Und noch wichtiger dabei ist es, sich nicht klein zu machen. Sondern zu erkennen, dass es keine Vergleiche gibt, dass es kein höher oder schneller oder langsamer oder tiefer gibt. Keine Stufen der Erkenntnisse, die, die andere erklimmen und ich selbst nicht.

Ja, es ist wichtig wahrzunehmen und zu hören das, was die anderen sagen. Doch die Wahrheit liegt ja bereits in uns selbst, in unserem Wesen, in unserem Sein.

Dies dürfen wir wahrnehmen. Dies dürfen wir erkennen. Dies dürfen wir leben, indem wir jetzt sind das, was wir sind und so die Gegenwart ausfüllen, um die Zukunft für uns zu gestalten im Jetzt. Basierend auf dem, was wir bereits erreicht und erlebt haben in unserem Leben, das so vielfältig war. Das uns so geformt hat, so wie wir uns gerade jetzt wahrnehmen.

Wir brauchen nicht zu hängen an den Lippen derer, die da vor uns stehen auf der Bühne, am Mikrofon. Aber wir dürfen üben mit Freude, mit Leichtigkeit. Wir dürfen versuchen und über das Versuchen erkennen, das, was für uns wichtig ist. Denn das, was gestern oder vorgestern für uns wichtig war, ist nicht das, was für uns heute wichtig ist. Wir verändern uns ständig.

So geht mit Zuversicht hinaus und vorwärts, Schritt für Schritt. Geht euren Weg so wie ihr euren Weg bisher gegangen seid. Erkennt die Erfolge und erkennt die Anker, die ihr geworfen hattet. Erkennt das, was euch unterstützt und fördert. Und erkennt auch, dass Widerstand der anderen euch die Möglichkeit gegeben hat in der Vergangenheit weiter zu gehen, andere Wege zu finden, voran zu schreiten dort, wo Dritte keinen Sinn sahen. Und du selbst jedoch wusstest genau, was zu tun ist um das zu erreichen, was in deinem Lebensweg bereits vorgeplant war.

Wenn dann noch zu der Zuversicht die Selbstliebe hinzukommt, dann gibt es kein Halten mehr. Dann bist du das, was du bist: deine höchste Erfüllung deines Seins und deines Lebens hier auf dieser Erde, an dem Platz, an dem du jetzt bist.

Deshalb geht der Dank zunächst immer an dich selbst und dann an die Geistige Welt, an das All-Eine. Du selbst bist im Mittelpunkt deines Lebens, ohne dich würdest du nicht existieren hier auf dieser Erde, in dieser Form in der du gerade dich präsentierst und zeigst und lebst und bist.

Deshalb an dieser Stelle der Dank an euch, an dich, an jeden von euch einzeln, dass ihr da seid, hier seid, offen seid und die Wege beschreitet, die ihr euch gewählt habt und die ihr formt ... in der Vergangenheit, jetzt in der Gegenwart und kommend in der Zukunft.

Nochmals der Dank an euch, an dich. Wir freuen uns auf ein weiteres Zusammentreffen in den nächsten Tagen, in den nächsten Wochen, in den Monaten und Jahren.

Damit verlassen wir euch jetzt.

Unsere Aufgaben

... Wichtig ist, dass wir hier auf dieser Erde das zulassen, was auf uns zukommt. Wohl wissend, dass all das, was als Aufgabe uns entgegengebracht, uns gereicht wird, wir annehmen können oder auch liegen lassen können. Nicht ist es wichtig, dass wir hier auf dieser Welt nur uns selbst sehen, sondern auch uns eingebunden in dieses gesamte System. Wichtig ist es, dass wir uns selbst wahrnehmen, so wie wir sind, dass wir unser Leben gestalten in diesem Wandel, dass wir das, was bereits geschehen ist, als das Geschehene wahrnehmen und es dort liegenlassen, wo es ist, dort in der Vergangenheit. Wir hatten es erlebt, wir sind hindurchgegangen, es hat uns gestärkt, es hat uns vorangebracht, es hat uns dorthin gebracht, wo wir jetzt sind. Es ist nicht, darüber zu urteilen oder zu verurteilen oder zu hängen bleiben an dem, was bereits geschehen ist. Denn es ist geschehen und ist vorbei. Nun aber können wir die Gegenwart gestalten und in dem wir die Gegenwart gestalten, gestalten wir das, was auf uns zukommen wird in dem Morgen, in dem Übermorgen und in der Zukunft.

Nur die Aufgaben erhalten wir, die wir auch wirklich bewältigen können. Das zeigt uns der Blick in die eigene Vergangenheit, die uns dorthin gebracht hat, wo wir gerade sind. Und wer sagt denn, dass der Wandel oder der Weg nach rechts besser oder schlechter ist, als der Weg nach links. Die Aufgaben und Möglichkeiten, die wir uns bisher noch nicht ausmalen konnten, werden unsere Zukunft gestalten. Denn nur durch Veränderung und nur durch neues Hinschauen und verändertes Hinschauen ist es uns möglich, überhaupt, auf dieser Erde und in dieser Welt unser Leben zu leben.

So ist es denn egal, ob wir in einem kleinen Raum oder einem kleinen Wagen oder in einem großen Raum oder einem großen Wagen sitzen und hinausschauen in die Welt, die uns umgibt. Wichtig ist, dass wir erkennen, dass dort, wo wir sind, unsere Gegenwart ist und wir die Kraft schöpfen aus diesem einen speziellen Moment.

Manchmal werden sie uns aufgedrängt, die Veränderungen. Nicht dass wir es wollten, doch im Nachhinein, im Rückblick erkennen wir, welches Potential plötzlich auf uns zukam, mittels jener Veränderung, die wir nicht wollten, die wir nicht vorausahnten, die aber plötzlich da war. Und auch hier gilt es „danke" zu sagen und weiterzugehen den eigenen Weg. Denn wie oft hat sich unser eigener Weg in der zurückliegenden Zeit, in den Jahrzenten verändert. Da war plötzlich jene Begegnung und jener Mensch und jene Aufgabe. Nichts, was wir vorhersehen konnten. Und mit dieser Erfahrung schauen wir schon jetzt hinaus, hinüber in die Zukunft. Deshalb gehe mit erhobenem Haupt und gestärktem Herzen und gestähltem Körper nach vorne.

Erkenne, dass du die Gestalterin, der Gestalter deines eigenen Geschickes bist. Nicht bist du wehrlos, nicht bist du schutzlos, du bist geschützt. Du hast die Kraft und du freust dich auf das, was da kommt. Auch gehe ohne Hast und ohne Eile und schaue nach links und nach rechts. Und nimm mit, was du mitnehmen kannst, was dir gereicht wird, als Geschenk, als Situation.

Und wisse, dass wir immer in deiner Nähe sind. Dass du uns immer fragen kannst und du immer eine Antwort bekommen wirst. Ob du sie hören magst, ob du sie annimmst, ob du auf uns hörst ist eine andere Sache. Die Antworten jedoch auf deine Fragen kommen immer. Das sei gewiss.

Und damit verabschieden wir uns von euch, von dir für heute.

Du bist niemals allein

Verlasst nicht den Weg, den ihr beschreitet. Lasst nicht zu, dass ihr euch ablenken lasst von dem Ziel, das euch mitgegeben wurde, das ihr euch gewählt hattet. Zu jener Zeit, als ihr gekommen seid hier auf diese Erde, um hier zu wandeln und hier Erfahrungen zu machen auf dieser Erde mit euren Sinnen hier: Mit Menschen, mit Tieren, mit der Landschaft, mit der Erde; Erfahrungen zu machen, die euch weiterbringen, die euch formen und bisher geformt haben und auch weiterhin formen werden. Lasst nicht zu, dass ihr euch abdrängen lasst von anderen Ideen, von anderen Wünschen, von anderen Menschen, die deutlich anders positioniert sind, als ihr selbst es seid. Nicht gilt es einen anderen zu überzeugen von der eigenen Wahrheit oder dem, was wir unter Wahrheit verstehen. Nicht gilt es zu lehren, nicht gilt es den Zeigefinger zu erheben und deutlich zu postulieren, dass nur wir wissen, worum es geht auf dieser Welt, hier auf dieser Erde.

Es geht um den Austausch, es geht um das Gemeinsame. Es geht um die gemeinsame Zeit, die wir hier verbringen, die uns voranbringt, die uns Erfahrungen machen lässt. An denen wir mit verschlossenen Sinnen vorbeirasen würden, wenn wir nicht wüssten, dass es wichtig ist, anzuhalten und stehen zu bleiben und das wahrzunehmen, das zu erfühlen, das zu erspüren und das zu sehen, was gerade geschieht um uns herum: Die Situation, in die wir gerade gesetzt wurden, die Lösungen und Erkenntnisse und Wahrnehmungen, die wir gerade jetzt im Moment wahrnehmen dürfen. Deshalb lass dich nicht abbringen von dem, was du für dich erfahren hast auf dieser Erde, mit den Zielen, die du dir gesetzt hast.

Und dann, und dann sei wie ein Lichtbogen, dann sei wie ein Leuchtturm. Dann sei das strahlende Licht selbst, das hinausreicht in die Welt, zu den Menschen, die dich umgeben in deiner näheren Umgebung oder auch in der Ferne. Denn das wird wahrgenommen. Dein Licht, dein Strahlen, dein Sein wird wahrgenommen. Es sind weniger die Worte. Es ist das, was zwischen den Zeilen, zwischen den Worten vorhanden ist. Es ist dein Gefühl, es ist deine Weisheit, die weiter reicht, viel weiter, wesentlich weiter als die Worte selbst und seien sie noch so gut gewählt, seien sie noch so gut gefügt. Worte vergehen, das Gefühl bleibt und das Gefühl berührt.

Deshalb sei offen für die Erfahrungen, die du machst im Zusammensein mit Menschen, die du auch erreichen kannst, wenn du bist alleine mit dir. Denn Distanz ist eine Illusion. Verbunden sind wir alle jederzeit, greifend über den Globus. Der Gedanke, die Intention reicht aus, um den Nächsten zu erreichen, um Freude zu schenken, um Heilung weiterzugeben, den Kontakt zu leben.

Niemals bist du alleine. Niemals bist du alleine auf deinem Weg und niemals bist du alleine in deinem Körper. Wir sind immer alle verbunden. Und das darf dir Kraft geben für die nächste Stunde, den nächsten Tag und auch die nächste Nacht und all das, was da noch kommen wird.

So ist denn die Suche nach dem, was für dich bestimmend ist hier auf dieser Erde, nichts anderes als ein Auffinden dessen, was du dir als Ziel bereits gesetzt hattest. Deshalb schau immer wieder zurück auf das, was du bereits erreicht hast in deinem Leben hier auf der Erde und erkenne im Rückblick, dass Aufgaben, die an dich herangetragen wurden, seien sie großer, seien sie kleiner Natur gewesen, von dir gemeistert wurden. Im Nachhinein war alles möglich. Im Nachhinein war kein Treppchen, war kein Widerstand, war keine Aufgabe zu groß, als dass du sie nicht hättest lösen können. Vielleicht nicht auf die Art und Weise, wie du es dir gewünscht hattest. Dennoch sie wurde gelöst von dir und das gibt Zuversicht für die Gegenwart und das, was als Zukunft auf dich noch zukommen wird. Deshalb vertraue und gehe mit Zuversicht die nächsten Schritte, den nächsten Schritt. Denn es ist immer ein Schritt, den du gehst und daraus ergibt sich dann eine Abfolge von Schritten.
Zu wissen, dass wir immer um dich herum sind, dass du Teil des All-Einen bist und das All-Eine all das ist, was uns hier umgibt auf dieser Erde, sollte

genügend Zuversicht in sich tragen und sich in dir verankern, dass du dich freust auf das, was gerade ist und das, was kommen wird. Du weißt, dass du gestaltest deine Gegenwart und in der Gegenwart deine Zukunft.

So bleibe (wie man so schön sagt), bleibe am Ball, forme den Teig, forme den Ton, gib ihm Gestalt. Eine Gestalt, die von dir gewählt wurde, auf dass etwas entsteht, was ganz individuell von dir geschaffen ist, aber im Zusammenspiel mit uns und mit allem. Denn du allein (verstehe es richtig) kannst nicht etwas erschaffen. Alleine geht es nicht. Das Zusammenspiel ist wichtig. Ohne deine Mitmenschen kommst du nicht von A nach B: Der Bus fährt nicht von alleine, dein Fahrrad wurde nicht von dir alleine gebaut. Du brauchst die Mitmenschen, die Mitmenschen brauchen dich. Und so ist es ein Gewebe, ein Geflecht, ein Zusammensein, das dich hält hier auf dieser Erde, das dich trägt und das dich schreiten lässt nach vorne. Werde dessen bewusst, dass du nicht bist alleine. Du bist immer umgeben von Menschen.

Nutze dies, diese Gemeinschaft und übe dich auch in der Gemeinschaft. Bring dich ein und sei offen für das, was dir gereicht wird an Geschenken, an Unterstützung und an Hilfe. Du darfst danach fragen. Vieles wirst du erhalten, manches in der Form, in der du es willst und manches in einer Form, die dich herausfordert - im Nachhinein jedoch wird sie passend sein.

Danke, dass du auf dieser Suche bist, auf diesem Weg, auf deinem Weg bist und im Vertrauen darauf, dass wir immer den Kontakt halten (wissend, der Kontakt reißt nicht ab, er ist permanent; wissend, dass wir verbunden sind), bleibe so wie du bist, auf deinem Weg und gehe den nächsten Schritt.

Und damit verlassen wir dich für heute.

Deine Einzigartigkeit

Nicht immer erreicht uns das, was wir erwarten, in dem Moment, in dem der Wunsch geäußert ist und wir dann darauf harren, dass nun endlich die Antwort kommt, die uns befriedet, die uns erleichtert, die uns das gibt, was wir als Erwartung in den Raum geschickt haben. Wir erhalten eine Antwort. Ja. Doch diese Antwort ist oft anders geartet, als das, was von uns gewünscht ist. Denn der Verstand ist das Eine und das Herz ist das andere und die Anbindung wiederum das Dritte.

So ist es auch mit der Natur. Die Natur so glauben wir, ist schön, ist herrlich, ist wunderbar. Und doch bei genauer Betrachtung erkennen wir, dass die Natur uns (und dieses Bild ist mehr als erschreckend), die Natur würde uns auffressen in dem Moment, in dem wir es zulassen würden. Wir sind Teil dessen, was da hineingehört in den Prozess des Wachsens, des Entstehens, des Wachsens und des Daseins. Doch die Fragen sind: Wofür sind wir hier? Wofür ist dieser Körper da, der als Körper existiert hier in dieser Welt? Ist er nicht auch Nahrung für die, die Nahrung brauchen? Wo stehen wir in der Kette der Nahrung? Und wenn dann, wenn dann die Seele hinausgenommen ist aus dem Körper, was geschieht? Wir sind eingebunden in einen weiteren Prozess.

Ist es dann und in diesem Moment nicht umso wichtiger zu erkennen, dass wir jetzt, dass wir jetzt im Moment, dass wir jetzt in der Gegenwart die Möglichkeit haben, das zu erleben, was für uns als Erlebnis in Schritten möglich ist? Dass wir jenseits der Vorstellung dessen, was ein physischer Körper hier auf dieser Erde erreichen kann, jetzt die Möglichkeit haben, Gefühle, Emotionen, Verbindungen und etwas entstehen zu lassen, was zuvor noch nicht (weder gedacht, noch gefühlt, noch in irgendeiner chemischen Reaktion) vorausgesehen war, nun entstehen kann? Hier, dadurch, dass wir hier sind, dass wir Freude empfinden über das, was wir gerade sehen, hören und spüren, vielleicht auch schmecken, dass wir nicht sitzen an dem Tisch und uns wundern oder ärgern? Genau umgedreht darf es sein, das alles ist möglich, hier auf dieser Welt, in diesem Sein gerade jetzt. Wir brauchen nicht die großen Pläne. Wir dürfen das, was wir erleben, wertschätzen als das, was es ist. Und dann, und dann entsteht aus diesem vermeintlich Kleinen das, was uns ausmacht, das, was wir hineinbringen dürfen in diese Welt und was wir mitnehmen dann und wieder hinaus aus dieser Welt.

Wir sind besonders. Du bist besonders, ganz individuell, ganz eigen. Geh hinaus in die Welt und schau wer ähnlich ist dir. Schau hinaus in diese Welt, schau in diese Augen, schau in diese Gesichter, schau auf diese Körper und erkenne, dass jeder anders ist, verglichen mit dir und du bist - du. Ganz eigen, ganz individuell, ganz besonders. Du bist du und niemand auf dieser Welt kann einnehmen deinen Platz auf dieser Erde. Niemand sieht, fühlt, riecht und ist in dieser Welt so wie du. Du bist einzigartig. Nichts gibt es auf dieser Welt, das so in diese Welt hineingebracht werden kann, wie du es wahrnimmst. Niemand auf dem Kontinent, Indien oder Südamerika oder Nordamerika, oder wo auch immer auf dieser Welt, kann das an Erfahrung hineinspeisen, in diese Welt hinein zum All-Einen, was du ganz speziell kannst geben dem All-Einen. Deshalb sei (und wir wiederholen uns hier und wiederholen uns wieder und wieder und wieder), sei das Licht, sei der Leuchtturm und bringe das hinaus an Schwingungen, was nur du erfahren kannst, hier auf dieser Welt, hier auf dieser Erde, die vergänglich ist. Und das zeichnet das Sein auf dieser Erde aus, dass nichts beständig bleibt, dass alles sich verändert. Und dennoch, wie wertvoll ist das, was du tagtäglich hineinbringst, zu uns zum All-Einen als Ergänzung dessen, was wir brauchen, was wir möchten, was wir uns erwünschen, zu erhalten von dir, hier auf dieser Welt. Deshalb ist nicht der Zweifel, die Angst, die Sorge angesagt im Alltag, im Jetzt. Sondern Freude darüber, dass du das, was du gerade wahrnimmst, die größte Qualität in sich trägt, die ein Moment in sich tragen kann.

Und damit verlassen wir dich nun für heute.

Der Dirigentenstab

Vergesst nicht, dass ihr nicht alleine seid auf dieser Welt, dass ihr immer in Kontakt seid mit den Menschen, die euch umgeben, egal wo sie sind. Ob sie sind in eurer Nähe, ob sie weit entfernt sind, ihr seid immer in Kontakt mit ihnen und ihr dürft eure Anteilnahme zu ihnen senden. Ihr dürft Anteil nehmen an ihrem Leben, egal wie weit oder wie nah sie von euch entfernt sind. Denn sie spiegeln euch das, was ihr jetzt im Moment nicht erleben dürft oder auch nicht erleben müsst. Ihr erkennt im Kontakt mit denen, die entfernt sind von euch, dass ihr die Möglichkeit habt, euer Leben selbst zu leben, so wie es ist. Sie aber spiegeln euch das, was möglich ist, jenseits dessen, was ihr als Leben für euch erlebt.

So ist es denn immer eine Bereicherung für euch zu erfahren, wie andere Menschen ihr Leben leben. Unabhängig davon wie ihr das, was ihr erfahrt, beurteilt oder nicht beurteilt. Ihr erfahrt so, dass es andere Möglichkeiten gibt hier auf dieser Erde, etwas zu erfahren. Etwas zu erfahren, was ihr niemals glaubt erfahren zu können oder gar erfahren zu müssen. Euer Leben selbst ist das, was ihr erlebt. Deshalb nimm das, was du wahrnimmst, vollständig wahr. Erkenne, dass du der Direktor deines eigenen Lebens bist, dass du alle Fäden in der Hand hast, um dich selbst in diesem Leben in all die Momente hineinzuführen, die für dich im Moment wichtig sind. Lass dich nicht irritieren durch Dritte, durch sogenannte Schicksalsschläge, durch das, was dich gerade versucht, aus der Bahn heraus zu lenken. Sondern, nimm all das genau wahr, spüre hinein und lebe dich in genau diesen Momenten, egal in welche Richtung die emotionalen Wellen dich hin und her werfen.

Das Konzept dahinter ist immer: Du wirst unterstützt. Du hast die Möglichkeit, dein Leben, dein Licht zu leben und hinein zu bringen in diese Welt. Ohne dich ist diese Welt ärmer, dunkler und verdeckter. Mit dir aber gibt es dieses wunderbare Licht, das notwendig ist, um hier diese Welt so zu erleuchten, dass das entstehen kann, was gerade am Entstehen ist. Lass dich nicht herunterziehen von Geschehnissen, die wir nicht beeinflussen können. Der Tiger wird immer ein Opfer finden und ein Tier töten, um seinen Hunger zu stillen. Du kannst es nicht ändern, und selbst wenn du den Frosch aus dem Schnabel eines Storches herausnehmen würdest, was hättest du erreicht? Einen lebenden Frosch, einen hungernden Storch: Wer will hier urteilen über das, was geht und was nicht geht? Auf dieser Welt geschieht so Vieles, so vieles Unterschiedliches, nicht Greifbares für uns. Und dennoch wichtig ist, dass wir auch in den Momenten, in denen wir davorstehen und nicht wissen, warum genau dies so geschieht, wie es gerade geschieht, dass wir doch in jenen Momenten uns doch in Erfahrung rufen: Wir dürfen das erleben, was gerade geschieht, dürfen daraus die Erfahrung sammeln - und es geht weiter. Denn wir gestalten unser eigenes Schicksal. Wir sind für uns verantwortlich, wir übernehmen für uns die Verantwortung und gestalten so unser Leben.

Deshalb sei du selbst. Nimm deine Fäden in deine Hände und gestalte das, was dein Leben ausmacht. Nutze die Kontakte, die für dich wichtig sind, baue neue Kontakte auf. Finde die Menschen, die dich fördern und trenne dich tatsächlich von jenen, die nur wie Vampire von deinem Blut saugen, du darfst sie gehen lassen.

Auch ist es nicht wichtig an welchem Ort du lebst. Du darfst gestalten deine Umwelt, du darfst reisen, du darfst neue Flächen für dich wahrnehmen und ja, urbar machen. Je flexibler du bist, desto leichter wird es dir fallen, dein Leben hier auf dieser Erde so zu gestalten, wie es für dich richtig ist.

Dass wir an deiner Seite sind, das weißt du. Dass wir dich unterstützen bei dem, was du tust, das weißt du. Dass du jederzeit dich mit Fragen an uns wenden kannst, das weißt du und das tust du. Deshalb bleibe in der Verbindung mit uns, um Gutes auf diese Welt zu bringen.

Dein Weg hier auf dieser Erde ist einmalig. Niemand kann wiederholen das, was du tust auf dieser Erde. Niemand kann erspüren das, was du fühlen kannst auf dieser Erde. Deshalb wertschätze das, was du hier erleben kannst. Urteile nicht über gut oder böse, über schlecht oder recht oder schön oder unschön. Vielmehr erlebe das, was an dich herangeführt wird. Gleichzeitig hast du die Möglichkeit dem auszuweichen, was du nicht erleben möchtest. Nicht alles musst du annehmen. Du bist kein Kleiderständer, der das trägt, was an ihn heran-und auf ihn ab-gelegt wird. Du bist du selbst, du kannst entscheiden: „Das möchte ich, jenes nicht und das schon gar nicht." Und in dieser Freiheit, die du dir selbst erarbeitet hast über Jahrzehnte hier auf dieser Erde, lebe diese Freiheit, immer mehr, immer mehr. Denn das ist das, was wir wünschen von dir. Es ist das, was wir selbst brauchen, von dir.

Und so hoffen wir, dass du gestärkt in die nächsten Tage und Wochen gehst, gestärkt durch dein Tun, gestärkt durch dein Sein, und dass du hinausbringst in diese Welt das Verstehen, dass wir bei dir sind.

Bilder, Vorstellungen und Ideen sind nur solange hilfreich, wie sie dich wirklich unterstützen auf deinem Weg. Sie geben dir die Möglichkeit, etwas zu verstehen, was zu anfangs kaum zu verstehen ist, was zu anfangs irritiert. Doch mit Hilfe der Bilder und der Vorstellungen hast du die Möglichkeit, den Dirigentenstab zu übernehmen, die Bilder als das wahrzunehmen, was sie sind, letztendlich Schimären. Und dann hinüber zu gehen und zu erkennen, dass du mit uns verschmolzen bist, in der Einheit bist und keine Bilder mehr notwendig sind. Stattdessen das Gefühl der Einheit dich weiterbringt als jede Idee, als jede Vorstellung, als jedes Bild. Und du kannst es, denn du bist du und wir sind mit dir verbunden.

Und damit verlassen wir euch für heute.

Ich bin ich

So genau weiß ich noch, wie enttäuscht ich immer wieder war, wenn das, was ich als Wahrheit für mich gefunden hatte (an Wissen, an Erkenntnis in jener Zeit, in der ich in meiner Werkstatt unterwegs war), wenn das, was ich selbst für mich erkannte, nicht das war, was bei meinen Mitarbeitern oder auch meinen Kunden auf das ungeteilte Interesse stieß, das ich doch diesem neuen Gegenstand, diesem neuen Wissen, dieser neuen Erkenntnis beimaß. Wieviel Stunden hatte ich, wieviel Tage, Wochen und Monate hatte ich investiert in dieses neue Wissen, in dieses bisher Ungehörte hineingesteckt, um etwas in die Welt zu bringen, was die Welt verändern könnte und auch sollte? Und dennoch waren die, die ich direkt ansprach, nicht bereit zu erkennen, wahrzunehmen und anzunehmen das, was ich für sie bereithielt, was ich ihnen übergeben wollte, was ich ihnen anvertrauen wollte, auf dass sie dieses hinaustragen mögen, hinaus in die Welt.

Stattdessen wurde ich konfrontiert mit Skepsis, mit Neid, mit Hinterfragung und mit kompletter Ablehnung. Und nur dadurch, dass ich mich auf mich selbst zurückbezog und geschehen ließ, was geschah, annahm die Ablehnung, die ich erfahren musste … aber mich selbst nicht in Frage stellte. Sondern das Projekt zurücknahm, es zur Seite stellte, denn ich wusste, die Zeit wird kommen, dass andere wertschätzen werden, das, was ich gerade in die Welt gebracht hatte. Mir war klar, dass die Zeitgenossen jetzt, da ich fertig war, nicht bereit waren/(sein) konnten die neuen Erkenntnisse, das neue Objekt zu übernehmen, zu verstehen und für mich auch hinauszubringen, zu vertreiben, anderen zu zeigen.

Ich aber wusste, dass das, was ich gerade in die Welt gebracht hatte, wesentlich war, wichtig war. Nur der Zeitpunkt war offensichtlich nicht passend. Was aber den Wert nicht schmälerte.

- *Als ich erkannte, dass ich nicht abhängig bin vom Lob oder von der Unterstützung Dritter, von der Unterstützung derer, die im außen sind ...*
- *als ich erkannte, dass nur ich selbst in Verbindung mit mir und mit der Geistigen Welt agieren kann ...*
- *dass es ausreicht, das in die Welt zu bringen, was gerade notwendig ist aus meiner Sicht und ich nicht den Applaus der anderen brauche ...*

... dann wurde klar für mich: Weitergehen, weiter so, das ist der richtige Weg.

- *Wenn sie dann aber begannen mich herunterzuhandeln, mir zu erklären, dass das, was ich getan hatte, keine Zukunft in sich trug ...*
- *wenn sie dann versuchten, mich in eine Position zu bringen, die mich nicht dort ließ, wo ich war (nämlich der Erfinder dessen, was gerade präsentiert wurde), dass ich nur der Ingenieur war, dass ich nicht den Preis wert bin, den ich aufrief ...*

... dann gab's zwei Möglichkeiten: Die eine war einzuknicken, einzulenken. Die andere war bei mir und meiner Wahrheit zu bleiben. Und im Rückblick, immer dann, wenn ich blieb bei meiner eignen Wahrheit, war ich glücklicher, war ich zufriedener, da war ich, ich selbst und nicht der, den die anderen wollten, dass ich (ihn) in mir sehe.

Die eigene Erfahrung, die ich machen durfte in den Jahrzehnten in dieser Werkstatt mit verbundenen Augen und den anderen Jahrzehnten in der Werkstatt mit offenen Augen, die war so unterschiedlich. Die mit den verbundenen Augen waren die Augen, die nichts sahen, was sie nicht sehen durften. Das war die Zeit des Lernens, das war die Zeit des Ausführens, das war die Zeit des „Gefügig-Seins". Dann aber, als die Binde abfiel, entstand etwas Neues. Ich durfte ich sein, ich war ich, ich nahm mich an und ich lebte mich selbst.

Im Rückblick gab es keinen Unterschied zwischen beiden Zeiten. Dennoch waren die Zeiten ohne die Binde heller, lichtdurchfluteter, erlebter, mehr Tanz, mehr Freude. Und doch bei genauer Betrachtung waren die Zeiten mit der Binde leichter, geführter, geregelter. Und dann ohne Binde die neue Freiheit erlebend, selbst gestaltend: sie hatten ihre Tücke, sie hatten ihre Stufen; diese Zeit war nicht wirklich leicht, aber sie war meine Zeit. Das war ich.

Beide möchte ich nicht missen und dennoch ..., würde ich jetzt wählen können oder müssen, die Binden-lose wäre es.

Zu wissen, dass ich die Möglichkeit habe, hier auf dieser Welt frei zu entscheiden, das für mich, was ich tun möchte, was ich gestalten möchte, ist eine wunderbare Unterstützung, die ich erhalte aus der Geistigen Welt. Die mich darin bestärkt, dass der Weg, den ich gehe, der richtige Weg ist. Natürlich höre ich mir an die Meinung derer, die zu meiner Linken und zu meiner Rechten, vor mir und hinter mir laufen: Die Familie, die Ahnen und die Lehrer, die mir immer wieder zur Seite gestellt werden, ob ich sie möchte oder ob ich sie ablehne. Ich darf mir deren Meinung anhören und daraus dann gestalten, die eigene, die ich brauche, die mich unterstützt, die mich fördert. Denn ich selbst bin verantwortlich für das, was ich hier auf dieser Welt nicht nur erlebe, sondern auch in die Welt hineinbringe.

Trotzdem lasse ich es nicht zu, dass irgendwelche Hirngespinste, Phantasien, Ideen und Vorstellungen, die keinerlei Fundament haben, mich bestimmen in meinem Handeln. Denn ich bin selbstbestimmt und habe die Möglichkeit aus Informationen Wissen zu generieren und daraus folgend, meine weiteren Schritte zu generieren.

Selbstvergebung ist dabei ein wichtiger Punkt. Denn ich kann nicht und will auch nicht perfekt sein in meinem Sein und Tun und Handeln. Es bleibt auch einmal etwas liegen.

Darüber hinaus kann ich mir selbst Rechnung geben über das, was ich tue. Und wenn ich dann am Abend schaue auf das, was geschehen ist am Tag und ich mit vielleicht Dreiviertel zufrieden bin, dann ist das ein großer Schritt, denn diese Welt fordert viel. Und ich weiß, dass ich Vieles gebe, manches nicht, aber immer bin es ich.

Deshalb schau hinaus mit Zuversicht auf das, was da kommt, das, was dich formt. Lass zu, dass das an Form an dir passt, was da kommt von außen. Und bringe immer deine eigene Form mit, so dass du auch gestalten kannst das Außen und die Formen, die im Außen auf dich zukommen. Es ist kein Ein-Weg, keine Einbahnstraße von außen auf dich innen, es ist immer ein Wechselspiel. Auch wenn du glaubst, dass deine einzelne Stimme nicht gehört wird im Gewusel der Milliarden Menschen, die es da gibt auf dieser Erde, es ist dennoch so: Du bist die Person, die du bist, du bist du. Mit deinem Sein bestimmst du nicht nur dich selbst, sondern auch dein Umfeld und über dein Umfeld auch andere und weiter Entfernte.

Deshalb geh mit Dank in die Nacht hinein. Danke: an dich selbst, deine Offenheit, dein Streben und immer wieder an dein Sein, so wie du bist. Schenke dir selbst die Liebe, die dir andere nicht schenken können. Nimm aber das an, was die anderen dir reichen und wandle es in Positives, denn nur das zählt.

Wir danken, dass ihr immer wieder in Kontakt mit uns seid und den Kontakt sucht und haltet und natürlich auch findet. Und so freuen wir uns auf das nächste Mal, bei dem wir wieder zusammentreffen werden.

Und damit verlassen wir dich für heute.

Das Treffen von Entscheidungen

Was sind das für Zweifel, was sind das für Sorgen, was ist denn diese Angst, die dich daran hindern, das zu tun, was nun als nächster Schritt für dich ansteht? Sind es die, die von außen kommend an dich herangetragen werden? Die du einfach zulässt als Person, da sie von der Gesellschaft oder der Natur auf dich zukommen, fast wie eine Welle, die dich mitreißt? Oder sind es nicht doch die inneren Prozesse, die stattfinden, wenn du (denen) mehr und mehr Kraft und Energie zuschreibst, als sie doch selbst verdienen? Da sie doch mächtig sind und dich manchmal ja wirklich aus deiner Bahn herauswerfen. Nur weil du an sie denkst, nur weil du es zulässt, dass deine inneren Prozesse hier etwas entstehen lassen, was bei genauer Betrachtung nicht vorhanden ist. Du lässt in dir Sorge, Angst und Furcht entstehen an Stellen, die bei genauer Betrachtung völlig neutral sind. Du nutzt diese Drei tatsächlich als eine Ausrede, etwas nicht zu tun oder etwas anders zu tun, als du es wüsstest, dass du es tun solltest.

Geh immer bei jeder Entscheidung einen Schritt zuvor zur Seite und betrachte genau das, was von außen auf dich zukommt, das, was von innen dich hemmt. Und entscheide dann unabhängig von diesen beiden Quellen, entscheide dich für das, was für dich selbst förderlich und unterstützend ist. Stelle dich dabei in das Zentrum der Betrachtung und lass zu, dass eine Entwicklung entsteht, die so ausgerichtet ist, dass du am besten mit der Situation klarkommst, dass die Situation deine wird und du nicht Teilen der Situation ausgeliefert bist. Denn dann bist du in deiner Stärke, dann bist du dort, wo du hingehörst und kannst selbst sein und wirst nicht geführt, gelenkt oder gar geschubst. Du kannst aus deiner Kraft heraus agieren und dich selbst so einbringen in das Leben, in die Gesellschaft, dass es förderlich ist für andere und natürlich auch für dich. Und wenn sie dann doch kommen, die großen Fragen, dieses Warum und Wieso und Weshalb? Auch hier gehe einen Schritt zurück, lehne dich zur Seite, lass vorbei den Zug, der an dir vorbei rollen darf. Denn du bist nicht auf dieser Welt um alle Probleme zu lösen, die da vorhanden sind. Milliarden von Menschen leben zurzeit auf dieser Erde und die Aufgaben dürfen verteilt werden auf die unterschiedlichsten Schultern.

Es liegt nicht an dir, eine Lokomotive zu steuern und Personen von A nach B zu transportieren. Und es liegt nicht an dir, als Koch, als Chef Nahrungsmittel zu Mahlzeiten zu verarbeiten und sie gären zu lassen. Deine Aufgabe ist die, die du dir selbst auch gewählt hast. Deine Aufgabe ist dort, wo du bist.

Erkenne dies und bleibe genau dort, wo du bist in deiner Kraft. Fülle aus das, was in deinem Handlungsspielraum möglich ist. Du bist das beste Mitglied der Gesellschaft, der Menschen hier auf dieser Erde. Du kannst mehr bewirken, als du glaubst, denn der Blick über den Tellerrand, er ist wichtig. Ja. Doch etwas ändern zu wollen, was nicht in deiner Hand liegt, danach zu streben, dass etwas geschieht, wofür du zu dieser Zeit auf dieser Welt nicht fähig bist (einfach deshalb, weil du nicht dort bist, wo vielleicht gehandelt werden müsste). Stattdessen zu erkennen, dass du genau dort richtig bist, wo du bist und das heißt nicht, dass du minder oder schlechter oder anders wärest als andere, die in anderen Positionen stehen, sitzen und liegen. Nein, du hast das Recht, dich selbst dort zu leben, wo du bist, dein Sein, dein Licht dort strahlen zu lassen. Und so das Wichtigste zu tun in deinem Leben, nämlich du selbst zu sein. Handle danach.

Es ist nicht das Streben nach der Tat, es ist das Sein im Jetzt. ...

Es wäre noch Zeit und Raum für eine Frage?

I: Wir hatten gerade das Gespräch über andere Welten und über Astralreisen, andere Universen. Kannst du dazu etwas sagen?

In meiner Zeit damals, als ich in der Werkstatt saß und tagträumte an meinem Katheder, mir vorstellte, ...

- *dass es andere Menschen gibt, die an anderen Stellen leben,*
- *dass es andere Planeten gibt, die man möglicherweise bereisen könnte,*
- *dass es so vieles anderes noch zu geben habe und ich gefangen bin in meinem Körper, und ich sehnte mich in diesen Tagträumen danach, weiter zu gehen, weiter zu reisen, anders zu sein*

... und ich durfte erkennen, dass diese Tagträume ihre Funktionen haben und die Phantasie in meinem Leben, in meinem Alltag und auch in meiner Berufstätigkeit wichtig waren, um etwas zu erdenken, was nicht vorher existierte, was durch meine Hände geschaffen wurde, durch meinen unruhigen Geist entstehen konnte. Weil ich nicht in der Türschwelle aufhörte zu denken, sondern weil ich wusste, es gibt anderes, es gibt mehr. Und ja, in meinen Träumen dann im Schlaf des Nachts war ich unterwegs, ich war weit weg, habe anderes gesehen und anderes erlebt. Doch es sind Träume.

Auch diese Träume erweiterten meinen Horizont und sie sind denn – sowohl die nächtlichen Träume, als auch die Tagträume - immer hilfreich: Um den Horizont zu erweitern, die Neugierde ständig anzufachen und immer das Bewusstsein und das Wissen zu haben, dass es etwas anderes geben kann als das, was ich erlebe.

Doch realistisch betrachtet: Was sollte, welche Funktion sollte es haben, jetzt sich von dieser Erde, von diesem Leben, von diesem Sein, wenn auch nur kurzfristig zu verabschieden, um nach etwas zu suchen oder nach etwas streben oder etwas besuchen, was dann im All-Einen sowieso vorhanden ist? Wir sind hier auf dieser Erde, um genau das zu erleben, was auf dieser Erde für uns bereitgehalten wird: eine Wahrnehmung, eine Erfahrung, eine Relation. Das ist es, was uns hier auf dieser Erde hält, was euch auf dieser Erde hält und was euch auf dieser Erde geschenkt wird.

Dann später, wenn ihr hinüber gegangen seid in das All-Eine, ist wieder alles vorhanden...

Es ist schön zu wissen, dass es anderes gibt, andere Wahrnehmungen, dass Menschen über etwas sprechen, was sie nicht wirklich verifizieren können. Doch dieses Sprechen über das, was nicht verifizierbar ist, ist einseitig, beruht auf Glauben, vielleicht auf Aberglauben.

Sich zu reduzieren (und das nicht als etwas Negatives zu sehen), auf das, was ist, nämlich die Gegenwart und das Leben in der Gegenwart und das Sein und das Leuchten braucht - keine - Ablenkung, - braucht keinen Rausch, - braucht keine Spaziergänge jenseits dessen, was die physische und die gefühlte Realität sind. Vertraut auf eure Sinne, so wie sie sind, auf das, was euch vermittelt wird, was ihr erleben dürft.

Der Rest sind Schimären, der Rest ist Illusion. Sie können helfen, das Bewusstsein zu erweitern, wenn man daran denkt, wenn man darin hineintaucht. Doch wichtig ist, wieder bewusster zurückkommen und immer wieder (ich habe es schon so oft erwähnt) das Leben in der Gegenwart.

Ob es hilft? Ich weiß es nicht. Aber ich verlasse euch jetzt an diesem Abend und freue mich auf das nächste Mal, wenn wir wieder zusammenkommen.

Der Handschuh

Was gibt es Schöneres als ein paar Handschuhe zu haben, vielleicht gefertigt aus ganz weichem, anschmiegsamem Leder, die uns begleiten über eine lange Zeitspanne, über mehrere Jahre. Und jedes Mal, wenn wir hineingreifen, wenn wir unsere Finger, unsere Hand hineinstecken in dieses wunderbare Innenleben der Handschuhe, fühlen wir uns geborgen und wahrgenommen, fühlen uns umschmeichelt und wir spüren die eigene Haut, die von der Lederinnenseite umfasst wird und wir werden komplett und vollständig wahrgenommen. Weich und warm ist das Gefühl, das entsteht, wenn wir in diese Handschuhe hinein uns bewegen und wir wissen genau, dass diese Handschuhe uns schützen werden, schützen vor der Kälte, die draußen herrscht und schützen vielleicht auch vor anderen Angriffen, von anderen Betatschungen. Wir haben einen Schutz um uns herum gebildet und dieser Schutz ist schön, er ist weich, es ist das, was wir wollen.

Bei genauer Betrachtung aber erkennen wir, wenn wir genau hinschauen, dass es nicht notwendig ist sich zu schützen vor dem Außen, sich zu schützen vor den anderen, eine Schicht zwischen uns und andere zu legen. Unsere Haut hat genügend Kraft, sich der Kälte zu stellen und die Regionen, in denen wir leben, sind nicht so klimatisch ausgestattet, dass wir unbedingt Handschuhe oder den Schutz bräuchten. Warum also nicht vertrauen auf das, was in uns steckt, was wir selbst haben? Warum danach suchen und streben, etwas anderes uns zuzuführen, was nichts mit uns zu tun hat? Etwas hinzuzufügen, das uns ablenkt von dem Eigentlichen, nämlich von uns? Etwas hinzuzufügen und uns überzustülpen und nicht auf das zu vertrauen, was wir sind und nicht auf die Kräfte zu vertrauen, die wir haben, die uns ausmachen.

Wir brauchen nicht das Material der anderen und des anderen, um uns weiterentwickeln zu können. Wir haben alles in uns, wir haben alles an uns und es ist immer greifbar. Und verlegen können wir die Handschuhe und dann sind sie weg. Besonders dann, wenn wir sie brauchen, vielleicht auf einer Reise oder auch nur, weil wir gerade in Hast aus dem Haus gegangen sind und draußen spüren wir, dass wir etwas vergessen haben, nämlich das, was wir eigentlich mitnehmen wollten. Statt zu erkennen, dass es nicht notwendig ist anderes anzuziehen, mitzunehmen, in etwas anderes hinein zu schlüpfen. Und dann, und dann nach vielen Jahren, wenn wir feststellen, dass (nur ein anderes Beispiel) die Schuhe, die wir bereits seit vielen Jahren tragen, nun Löcher aufweisen, brüchig sind und die Feuchtigkeit nicht mehr abweisen, die Sohle durchgelaufen ist, dann müssen wir uns entscheiden, diese Schuhe, die uns so lange schon begleitet haben, wegzugeben. Denn auch der beste Schuster kann sie nicht mehr so flicken, dass wir sie wieder anziehen könnten, dass wir wieder erleben könnten, das Gefühl, das wir zwischendrin hatten, als diese Schuhe uns getragen haben. So ist es denn wichtig, sich zu lösen von Gegenständen, von Meinungen, von Ideen und von Vorstellungen, die nicht mehr passen in die Zeit in der wir leben, die gebunden sind an das, was vergangen ist, die geboren waren und die ihren Weg fanden zu uns zu einer Zeit, da wir uns auf dem Weg befanden, der jedoch weit zurückliegt.

Nun aber wissen wir, es geht auch ohne diese Unterstützung, sei es die der Handschuhe, sei es die der Schuhe selbst. Wir sind frei. Wir können vertrauen auf das, was uns unmittelbar gegeben wird, weil wir in Kontakt sind miteinander und immer stärker dieses Band spüren und jederzeit abrufen können den Kontakt untereinander. Und dann ist es nicht mehr notwendig, dass wir Bilder brauchen, dass wir Worte brauchen, dass uns Gegenstände oder Töne das vermitteln, was zuvor noch nebulös war. Je stärker ich in meiner Verbindung bin, je stärker ich es zulasse, dass das, was ich gerade erlebe, den Ursprung hat in der Verbindung zwischen der Geistigen Welt und mir, wenn ich in diesem Vertrauen lebe, in dem ich spüre, dass jede Frage die ich stelle, jede Frage beantwortet wird. Wenn nicht unmittelbar, dann doch kurz danach, manchmal vielleicht auch etwas später als erwartet, aber doch die Antwort kommt. Kaum ist sie gesetzt, die Intention, kaum ist sie gestellt, die Frage, innerlich oder äußerlich, kommt ein Schein auf mich zu und er gibt mir die Richtung. Die mir dann hilft, das zu entwickeln, das zu gestalten, was ich als Antwort auf meine Frage erwarte. So dass ich schon gehen kann in die Richtung, die mich weiterbringt. So dass ich schon gestärkt gehen kann in den Kontakt mit denen, die mich umgeben, seien es die, die mich unterstützen, seien es die, die zweifeln, seien es die, die mich befeinden. Auch das gibt es. Denn ich muss wissen und lernen und erkennen, dass nicht nur eine Perspektive in dieser Welt (die da gespeist wird von Milliarden von Menschen), dass es nicht nur eine Perspektive gibt, sondern es gibt immer eine Vielzahl von Perspektiven, die sich auch ändern können. Und dennoch bleibt die Basis, dennoch bleibt das, was als Schwingung uns alle verbindet, sich manifestiert in diesem einen Wort der Liebe. Diese Liebe ist die Basis für all das, was geschieht auf dieser Erde. So seltsam, es uns auch immer wieder vorkommt, so seltsam auch die Auswüchse sind, die da geschehen auf dieser Erde. Und dennoch ist es wichtig zu erkennen, dass auch der Frosch, der da schnappt nach der Fliege, nicht aus böser Absicht jenes Insekt fängt und frisst. Es geht darum, selbst weiter zu leben, eine Familie zu gründen, Eier zu legen und den Nachwuchs zu umhegen. Dafür braucht er Kraft, dafür braucht er Energie. Die erhält er über das Insekt. Nichts Böses steckt dahinter, es ist der Weg der Natur.

Und so dürfen wir immer wieder aus unterschiedlichsten Perspektiven das betrachten, was uns begegnet hier in dieser Welt, tagtäglich. Und nicht in schnellem Vorurteil zu glauben, dass nur wir wissen, wie sich die Welt dreht und was die Welt im Innersten sowohl zusammenhält, als auch vorwärtsbringt. Wenn ich aber weiß, dass die Liebe mich trägt, dass die Liebe mich bewegt, dass ich liebend in Verbindung mit den anderen bin, dann kann ich mich selbst so sehen wie ich bin, mich so geben wie ich bin und den anderen im Kontakt helfen, auch sich selbst zu sein. Eine Situation, die mehr und mehr an Gewinn bringt für alle und so schreiten wir gemeinsam, jeder gestärkt an der Seite des anderen. Dabei ist es nicht notwendig, andere zu überzeugen von meiner Meinung, von meiner Sichtweise. Wichtig allein ist es, mich zu leben, selbst zu sein im Hier und Jetzt, was ihr schon so oft gehört habt. Bleibe auf dem Weg, auf dem du bist und lebe dein Vertrauen. Du wirst gebraucht hier in dieser Welt, so wie du bist in deiner Einzigartigkeit in deinem unvergleichlich eigenen Sinn und deiner unvergleichlich eigenen Charakterausbildung. Denn nur so kann sich das Puzzle des Lebens auf dieser Erde so zusammenfügen, dass ein Bild daraus wird.

Danke, dass du da bist und danke, dass du diesen Weg gehst und wir immer wieder miteinander kommunizieren können.

Und damit verlasse ich dich für heute.

Deine Position annehmen

Wie schön ist es, einen Rhythmus zu haben, eine Zeit, die kommt, die immer wieder kommt, und die uns die Möglichkeit gibt, im Rückblick wahrzunehmen das, was möglicherweise dann in der Zukunft wieder auf uns zukommt, so wie die Ebbe und so wie die Flut. Es ist die Sicherheit da, dass wir immer wieder das Gleiche erleben dürfen, aber doch auf einer anderen Art, doch auf einer anderen Ebene, doch in einem anderen Bewusstsein. Genau das ist es, was uns so positiv nach vorne schauen lässt: Dass wir die Möglichkeit haben, auf das Alte, Vertraute aufbauen, das Neue annehmen zu dürfen, dass wir hinaus schauen können in die Zukunft, indem wir die Vergangenheit genau betrachten. Dort erkennen, was wir bereits an (nennen wir es) Erfolgen eingefahren haben. Egal in welche Richtung diese Erfolge uns gebracht haben. Sei es, dass sie Schmerzen und Leid uns haben erleben lassen müssen. Sei es, dass es die höchste Freude, das Jubilieren war, das wir erleben durften. Diese Erfahrung, diese Erfolgserlebnisse nehmen wir mit in die Gegenwart. Und wenn wir dann in der Gegenwart sind, können wir das entscheiden, was da kommen wird in der näheren und in der ferneren Zukunft. Nicht, dass wir jetzt schon wissen, was geschehen wird in fünf oder zehn Wochen. Denn wir leben nicht in der Zukunft, wir leben nicht mehr in der Vergangenheit, wir leben in der Gegenwart und die Gegenwart ist jetzt.

Traurig wäre es, wenn wir weiterhin nur das Streben in die Zukunft für uns als Ziel ansehen würden oder das Verhaftet-Sein in das vermeintlich Schöne der Vergangenheit. Jetzt da wir dort sind, wo wir sind, haben wir die Möglichkeit unser Licht hinausstrahlen zu lassen zu denen, die wir direkt und unmittelbar erreichen, aber auch zu jenen, die wir gerade nicht erreichen können. Und dennoch werden sie auch erreicht durch unsere innere Stärke, durch die innere Kraft, die wir in Schwingungen nach außen senden, und es wird dorthin gelangen, wo es gerade Unterstützung bringen wird.

Wenn ich die Kerze in der Hand habe und mir die Flamme und den Docht anschaue (das Flackern, das wunderbare Licht, das auf der einen Seite leuchtet, auf der anderen Seite wärmt, aber auch gleichzeitig verbrennt) und wenn ich dann diese Flamme erlöschen lasse, indem ich sie aktiv auspuste oder mit dem Finger zerdrücke, mit der Feuchtigkeit, die ich zuvor von meiner Zunge genommen habe, dann ist das Licht erloschen. Habe ich damit die Funktion, die Qualität und die Energie dieser Kerze beraubt?

Mitnichten, alles ist als Potential vorhanden in dieser Kerze, auch wenn sie jetzt gerade nicht brennt. Denn weiß ich, dass zuvor, vor wenigen Minuten noch, die Flamme den Raum erhellt hatte und mich auch erfreut hatte? Und ich kann hinein projizieren in diesen Docht, der jetzt nicht leuchtet oder nicht die Flamme trägt die Qualität des Lichtes wieder. So kann ich denn auch selbst mein eigenes Licht wieder und wieder zum Strahlen bringen, ohne dass ich jemals in Gefahr laufen müsste, dass mir etwas verloren geht, dass meine Qualität sich verändern würde, hin gegen Null, dass das Potential nicht mehr vorhanden wäre, denn es ist immer da.

So ist es auch mit der Anbindung an uns, an das All-Eine: die Verbindung zwischen dir und mir, zwischen dir und uns, zwischen dir und all den anderen, um die es da geht hier auf dieser Erde-Sein, seien es die Tiere, sei es die Natur, seien es die Menschen. Immer ist die Verbindung da in alle Richtungen - und niemals bricht sie ab.

Was geschehen kann ist, dass wir nicht wahrnehmen, wir nehmen nicht wahr, dass die Verbindung vorhanden ist. Und wir fragen uns, ob wir denn nun gerade allein gelassen sind, statt uns zurück zu lehnen. Statt zu erkennen, dass die Verbindung genau das ist, was sie ist: Eine permanente Verbindung, ein permanentes Sein. Und das ist das, was uns hier auf dieser Erde auszeichnet, was wir leben.

All die Prozesse, die in unserem physischen Körper ablaufen, laufen ab, ohne dass wir jemals eingreifen könnten: Weder in den Fluss der Lymphe, weder in den Fluss des Blutes, weder in den Fluss der Nerven. Wir können nicht eingreifen, es funktioniert. Dieser Körper gibt uns jene Kraft und jene Möglichkeit hier auf dieser Erde nicht nur zu funktionieren, sondern wahrlich zu leben. Das dürfen wir in Demut und in Dankbarkeit annehmen, wahrnehmen. Und dann über die Gefühle hinaus gehen in die Verbindung zu denen, die es dann noch gibt, die horizontale Ebene, um etwas (sagen wir) bewirken zu können, etwas zu tun, auch für andere, ohne dass wir es ihnen überstülpen wollen. Denn allein durch unser Sein, werden jene direkt und unmittelbar angesprochen, die in unsere Nähe sind, die uns sehen, die uns wahrnehmen, die uns hören oder die aber von uns über dritte und vierte hören.

So nimm denn an nun deine Position, dort, wo du gerade bist und mach das Allerbeste für dich daraus, damit du gestärkt wirst und kannst gehen hinaus in die Welt, dich zeigend so, wie du bist. Unabhängig davon, ob andere das wahrnehmen können, was du da gerade lebst.

Mach dich frei von den Gedanken, wie andere über dich urteilen. Sie tun es sowieso, genauso wie du über andere urteilst. Doch das ist nicht wichtig. Du gehst deinen Weg, du setzt deine Schritte und die Menschen in deiner Nähe unterstützen dich soweit es Ihnen möglich ist, so lange es Ihnen möglich ist, bis zu jenem Punkt, an dem sich Wege wieder trennen. Doch wen kümmert es? Denn du gehst weiter in deinem Sein, andere kommen dazu, wieder andere verschwinden aus deinem Leben. Und du gibst in diese Welt das, was du geben kannst und du erhältst das, was du für dich nutzen kannst. So geh freudestrahlend hinaus in diese Welt und zeige, was du bist. Doch erwarte nicht den Applaus vom anderen. Sondern tue es - einfach bedingungslos. Damit erhältst du die größte Ruhe für dich in dir - und gibst damit so viel, auch zu uns.

Wir danken dir, dass du immer wieder offen bist auch für Erfahrungen, die jenseits deiner eigenen Kenntnis-Schwelle sich befinde und du nicht abtust die Gedanken auch der anderen, die auf dich zukommen. Sondern du immer mit einem offenen Ohr wahrnimmst, was es da noch gibt, jenseits deiner eigenen Vorstellung, um deinen Horizont mehr und mehr zu erweitern. Auch das gibt dir Kraft und Freude und Unterstützung.

Denke immer daran, dass das Feuer, das gerade brennt, im Kamin die Gegenwart ist, die Asche ist die Vergangenheit, die Zukunft ist das bereits zurecht gesägte, geschlagene Holz an der Seite des Kamins. Nicht die Asche ist wichtig, die Flamme aber, ist dein Sein. Deshalb brenne, leuchte und strahle hinaus in die Welt, so wie du bist.

Damit verlassen wir dich für heute.

Die Demut hineinfließen lassen

Ist es nicht schön, immer wieder in einer Gruppe zusammenzukommen und festzustellen, dass nicht nur die eigenen Vorstellungen, mit denen wir uns tagtäglich auf dieser Welt bewegen, nicht nur unsere eigenen sind, sondern dass es da tatsächlich andere gibt, die ebenfalls ähnlich geartete und vielleicht sogar gleiche Gedanken teilen, die ähnliche oder gleiche Ziele haben wie wir und mit denen wir gemeinsam einen Weg gehen können, vielleicht nur eine gewisse kurze Wegstrecke, vielleicht aber auch etwas länger. Es ist doch wie ein Andocken an eine bereits vorgefertigte Dockungsstelle, die uns die Möglichkeit gibt, kurzfristig Kraft zu tanken, Selbstverständnis wieder zu leben und auch wirklich in einer Verbindung zu sein, die wir sonst nur suchen oder in unseren Gedanken entstehen lassen können. Es ist wie ein Zurücklehnen in einem wunderbaren Lehnstuhl, der uns Unterstützung gibt, der uns Kraft gibt. Und wenn wir dann noch mit Worten das ausdrücken können und auch ausgedrückt hören mit Worten, was andere empfunden haben, wahrgenommen haben im Austausch mit uns, in der Übung mit uns, dann ist es doch wirklich ein großer Schritt, den wir da gehen. Der in Richtung Selbstsicherheit auch geht, der uns wieder Kraft gibt für all das, was in den Tagen darauf erfolgen wird. Wenn wir es dann noch schaffen, Demut in unser Leben hinein einfließen zu lassen (nicht im Sinne, dass wir uns klein machen sollten, dass wir nicht uns selbst leben können, sondern dass wir dieses Wort auf seine ursprüngliche Bedeutung hin abklopfen, in zwei Teile teilen und den dienenden Aspekt und den mutigen Aspekt zusammen in unser Leben bringen), dann wird noch einmal deutlich, dass wir ja dienen können in dieser Welt und dass wir ja mutig sein können in dieser Welt. Dass wir dort stehen, wo wir stehen, und dass wir uns nicht wegdrängen lassen von anderen, nur weil diese oder jene eine andere Meinung haben als wir. Nein, wir bleiben stehen dort, wo wir sind, und wir vertreten das, was für uns wichtig ist. Denn wir sind uns selbst wichtig. Ich bin mir wichtig, genauso wie ich dich wichtig nehme, die oder der du vor mir stehst, mit dem ich in Kontakt bin.

Aber zu wissen, dass ich auch dienen darf, zu wissen, dass ich meinen Mut nutzen kann, um hier auf dieser Welt etwas zu bewegen, um mich auf dieser Welt so lange zu halten bis ich dann hinübergehen darf, das ist eine große Beruhigung. Und deshalb lass ich mein Licht strahlen.

Wann bist du zuletzt in einer Kirche auf und ab gewandelt? Wann hast du ein Kirchenschiff zuletzt wieder einmal wahrgenommen? Licht durchflutet, diese Farben, diese Strahlkraft, diese Größe, diese Erhabenheit. Wann hast du dich zuletzt wahrgenommen in einem solchen wunderbaren, von Menschenhand geschaffenem architektonischen Raum und schlichtweg nur diese wunderbare Größe und Fülle und Schönheit des Raumes gespürt?

Spür hinein, wann du zuletzt in einem solchen Raum dich befunden hast und nimm wahr, wie du selbst dich wahrgenommen hast. Und schaue, dass du dich in diesem Moment eben nicht klein empfunden hast verglichen mit der Architektur, sondern du warst Teil des Ganzen. Du konntest das, was dir gereicht wurde an Größe, Schönheit und an handwerklicher höchster Qualität, das konntest du genießen und damit verschmelzen. Du warst nicht der kleine Mensch, der sich hinein wagt in eine Architektur von Größe und Schönheit. Sondern du warst Teil dieser gesamten Gemeinschaft, du warst Teil so wie ein Ziegelstein in Verbindung mit all den anderen Ziegelsteinen gemeinsam diese wunderbare Kirche formt.

Und ohne dich selbst (bleiben wir bei dem Bild des Steines), ohne diesen einen Stein würde etwas fehlen in der Kirche und nicht die Stabilität wäre vorhanden, die vorhanden ist, da du dort bist, da du da bist, da du dich zeigst. Nur so ist es möglich, dass ein solcher wahnwitziger Bau, wenn man es sich genau betrachtet, überhaupt entstehen kann und standhaft stehen kann, über die Jahrhunderte, ja, Jahrtausende.

Also nimm dich wahr als ein Teil der Gemeinschaft derer, die auf der Suche sind, die wissen, um das Wissen, das bisher noch nicht so freigelegt ist, wie es freigelegt sein könnte. Du weißt um die Möglichkeiten des Flusses von

Energie. Du weißt um die Möglichkeit des Heilprozesses, der ausgelöst werden kann und von dir und durch dich noch geschehen kann, indem du der leere Kanal bist, der all die göttliche Energie weiterleiten kann. Und gleichzeitig weißt du auch, dass du selbst unmittelbar und direkt in Kontakt mit uns eben jene heilende und unterstützende Energie erhalten kannst, ohne Kanal dazwischen. Dennoch ist es immer möglich auch Rituale einzuschalten oder Objekte zu nutzen, einfach um im Moment Sicherheit zu erfahren, im Moment ein Objekt in den Händen zu halten und noch mehr zu spüren: ja, da ist etwas; ich kann es halten; ich kann es nutzen, nur ich brauche es nicht wirklich.

Und dennoch nutze das, was dir hilft, den Alltag mehr und leichter zu gestalten: seien es Karten, seien es Quarze, Kristalle und auch Worte und Bücher. Immer wissend, dass das Objekt selbst nicht der Weisheit letzter Schluss ist, dass das Objekt nicht wirklich gebraucht wird. Stattdessen sind es die Gefühle im Moment, beginnend mit der Intention, darauf folgt das Loslassen und schon entsteht die Heilung.

Wie schön ist es, (wenn man) in der Gemeinschaft immer wieder sich austauschen zu können und so zu erfahren, dass man nicht allein ist in dieser Welt.

Und selbst die Nacht ist keine verschenkte Zeit, sie gibt Kraft, sie lässt dich und deinen Körper jene Erholung erfahren, die er braucht, um am nächsten Tag wieder aufrechtstehend das zu tun, was angesagt ist. So schau auf, dass du die Nächte erfüllst mit Bewusstheit und Klarheit; tauche ein tief in deine Träume; gestalte, was zu gestalten ist; nimm mit, was dich unterstützt und erwache am nächsten Morgen mit einem Lächeln und freue dich auf das, was der neue Tag für dich bringt.

Und damit verlassen wir dich für heute.

Nein-Sagen

„Nein" zu sagen zu einer Situation, die auf mich zukommt, war damals in der Zeit, in der ich noch in der Firma arbeitete, ein großes, wirklich ein großes Thema, das mich immer wieder an die Grenzen meiner eigenen Möglichkeiten brachte. Egal ob es ein Händler war, der kurzfristig anrief und seine Anlieferung um ein oder zwei Stunden nach hinten verschieben musste, weil er gerade an einer Station angekommen war. Die aber jedoch wesentlich später von ihm erreicht wurde, als er es geplant hatte, aufgrund von irgendwelchen Problemen und Schwierigkeiten, die er auf dem Weg (hatte). Ehrlich gesagt, ich konnte nicht nachvollziehen, ob es stimmte, was er mir sagte. Natürlich war ich immer bereit zu warten und meine persönlichen Bedürfnisse zurückzustellen und das, was für die Firma das Wesentliche war auch entsprechend umzusetzen. Sprich: meine eigene Zeit einzubringen und mein persönliches Wohl zurück zu nehmen, auf dass das, was geschehen musste, auch geschehen konnte. Auch wenn ich der Einzige war, der in der Firma wartete. Natürlich war der Lieferant dann jedes Mal, wenn es zu einer solchen Verzögerung kam, sehr, sehr, sehr froh, weil er konnte seinen Tag ähnlich abschließen, wie er es wollte, nicht jedoch, wie ich es wollte.

Ich musste lernen im Laufe der Zeit, dass es wichtig ist auch für mich selbst einzustehen und dann deutlich und klar ein „Nein" zu platzieren an der Stelle und an den Stellen, an denen ich selbst überfordert wurde. Und zu lernen, dass es nicht mein Fehler ist hier ein „Nein" zu platzieren an einer Stelle, in der es notwendig ist einem anderen gegenüber. Sondern, dass es für mich förderlich war, zu mir zu stehen und aus diesem Zu–mir–Stehen heraus etwas zu formulieren, was mir persönlich wieder Kraft gab. Denn ein „Ja" hätte und hat so oft mir Kraft gekostet; gab mich und brachte mich in Erklärungsnot meiner Familie zum Beispiel gegenüber, die nicht wirklich verstehen konnte, was da geschehen war, außer dem Satz „Es ist für die Firma". Doch das war ja nicht wirklich so.

Deshalb lernte ich im Laufe der Zeit immer mehr und mehr auch einmal „nein" zu sagen. „Nein" zu sagen, den Forderungen gegenüber, die an mich herangetragen wurden.

Doch lernte ich es auch zu balancieren, herauszufinden und zu gewichten, ob es nun gerade einmal wichtig war ein „Nein" zu sagen oder doch ein Vielleicht oder eben doch ein Ja, um eine Situation eher zu klären.

Und doch: je klarer ich für mich war, je klarer ich zu mir stand und je klarer die Situation war, desto leichter war es, zwischen diesem „Ja" und diesem „Nein" zu entscheiden und dieses auch entsprechend einzubringen. Der Effekt war, dass ich mich selbst wesentlich besser fühlte, dass ich mich mehr und mehr lieben konnte, dass ich wirklich zu mir stand und ich mich lebte und nicht gelebt wurde von anderen.

In diesem Zusammenhang erinnerte ich mich auch an meine Eltern und dachte mir immer wieder, brachte (ich) mir dieses Bild vor Augen:

- o *Was muss ich denn noch meinen Eltern geben, meiner Mutter, meinem Vater als Gegengeschenkt für das, was sie mir gaben?*
- o *Das größte Geschenk, das ich jemals erhalten hatte, nämlich die Geburt, die mich brachte auf diese Welt.*
- o *Was muss ich ihnen noch und noch geben in meinem 40., 50., 60. vielleicht sogar in meinem 70. Lebensjahr?*
- o *Ist denn diese Schuld nicht langsam abgetragen? Und muss ich denn immer noch etwas geben denen, die mir das mir geschenkt haben, was für mich das größte Geschenk auf dieser Welt ist, nämlich das Leben und die Geburt?*
- o *Reicht es denn nicht ihnen mir gegenüber oder Ihnen von mir die Liebe zu geben, die ich ihnen geben kann?*

Denn ich hatte nicht gefragt, ob sie mich wollen bringen auf diese Erde. Ich hatte sie nicht darum gebeten, das zu tun, was sie tun mussten, was sie getan haben (vielleicht sogar mit Freude), mich auf diese Erde zu bringen. Ich bin hier und dafür bin ich dankbar. Ich bin hier und dafür liebe ich meine Eltern, so wie sie sind, meine Mutter und meinem Vater.

- *Aber muss das denn ewig so weitergehen?*
- *Können wir nicht irgendwann in einen ganz normalen Umgang miteinander kommen?*
- *Den vielleicht sogar die Geschwister, so sie denn da sind, miteinschließt?*
- *Was alles muss ich tun auf dieser Welt, um meine Dankbarkeit zu zeigen?*

Die Antwort ist einfach, denn die Antwort ist klar: Ich stehe zu mir, ich tue das, was ich tun kann. Ich tue es mit Liebe, ich tue es mit Licht. Ich tue es so, wie es für mich stimmig ist im Moment und ich klopfe ab, rechts, links, vorn, hinten, oben und unten, ob es denn in Ordnung ist für die anderen. Wenn es denn stimmt und passt, ist es gut. Das Wichtigste jedoch ist es, dass es für mich passt. Denn ich werde länger auf dieser Erde sein, als die, die mich gezeugt und in diese Welt hineingebracht haben. Die Liebe von mir zu ihnen ist ihnen gewiss. Doch ohne die Liebe zu mir selbst ist die Liebe, die ich geben kann, nichts.

Und so ist es auch mit den Geschwistern, die mir an die Seite gestellt sind, und auch mit den Kindern, die ich selbst gesetzt habe in diese Welt, sofern sie denn da sind. Indem ich mich liebe (und das habe ich so oft gesagt), in dem ich mich lebe, indem ich das Licht nach außen bringe, das in mir ist, das göttliche Licht, dadurch erreiche ich jene, die um mich sind. Ob es die sind, die familiär mit mir verbunden sind oder jene, die meinen Nachbarn oder mit meinen Kunden oder flüchtige Bekannte sind. Ich lebe mich selbst, ich strahle nach außen, ich bin da, wo ich bin, aber ich bin dort, wo ich bin auch vollständig. Ich sage „ja" zu mir und ich sage „nein" zu dem, was nicht passt; bin aber immer präsent.

Das ist die Botschaft, die ich heute nach außen geben möchte, zu euch. Danke für eure Offenheit, danke für das Zuhören, danke für das Mitfühlen. Danke, dass ihr das seid, was ihr seid. Danke, dass du das bist, was du bist, dass du dich lebst, so wie du bist, in dem Punkt jetzt und hier; nicht verzweifelst darüber, dass es anders sein könnte, sondern gestaltest an dem Ort, in der Situation, in der du gerade bist. Denn du bist dein eigener Kapitän, du bist am Ruder. Und du kannst das bewegen, die Richtung vorgeben, die Segel setzen lassen und dann geschieht das, was für dich von dir umgesetzt werden darf. Die Pläne sind da, die Vorstellung ist da, du kreierst im Jetzt das, was dann kommen wird. Schau mit Zuversicht nach vorne und nutze deine Vergangenheit mit all deinen Erfolgen, die du bereits eingefahren hast als Zeichen dafür, dass es weiter geht, dass du das Zepter in der Hand hast. Nutze deine Stärke so wie sie ist und geh mit erhobenen Haupt nach vorne. Begegne mit erhobenem Haupt den Menschen, die in deine Nähe kommen, die du in deine Nähe lässt und die du aufsuchst. Dann werden sie erkennen, dass sie sich selbst auch lieben dürfen, weil sie sehen, dass du dich selbst liebst.

Wissend, dass ihr versteht, wovon ich spreche, wissend, dass du verstehst, wovon ich spreche, verlasse ich dich jetzt.

Das Potential erkennen

- *Zu wissen, dass wir, dass wir nicht alleine sind hier auf dieser Welt,*
- *zu wissen, dass es Milliarden von Menschen gibt, die ähnlich wie wir leben auf dieser Erde, leben ihr eigenes Leben und auch sich freuen und in Abhängigkeit sind durchaus von denen, die sie umgeben,*
- *zu wissen, dass wir nicht alleine sind, sondern dass es immer Menschen gibt, die mit uns in Kontakt sind, die auch mit uns den Kontakt suchen und die uns auch unterstützen und helfen, genauso wie wir ihnen helfen können,*

...das ist eine große, große Unterstützung, wenn wir hier auf dieser Erde leben und uns wieder einmal nicht zum ersten und nicht zum letzten Mal hinterfragen:

- *Warum wir denn eigentlich hier auf dieser Erde sind?*
- *Was es denn für uns zu tun gibt?*
- *Welche Aufgaben wir uns ausgesucht haben?*
- *Welchen Aufgaben wir uns noch zu stellen haben?*
- *Und warum es manchmal so unglaublich glücklich leicht geht in unserem Leben und dann wiederum so extrem schwer ist, dass wir glauben vor Grenzen und Mauern zu stehen, die wir nicht überwinden können?*

Jedoch sehen, wenn wir dann an diesen Mauern vorbei oder sogar durch sie durch gegangen sind, dass sie nicht das waren, was wir glaubten, dass sie zuvor als massive Widerstände gewesen sind.

- *Wenn wir es dann schaffen diese Transformation für uns einfach umzusetzen und zu erkennen, dass das, was wir uns vorstellen, das, was wir glauben, erwarten zu dürfen oder zu müssen, nichts mit der wirklich gelebten Realität in dieser Zeitlinie zu tun hat, dass unsere*

Vorraussehungen nichts sind verglichen mit dem, was letztendlich dann wirklich geschehen wird,
- *Wenn wir es dann schaffen, frei uns zu machen von den Vorstellungen, von den verwirrten Gedanken, die in uns existieren, weil wir glauben zu wissen, wie die Zukunft sein wird,*
- *Wenn wir uns freimachen von dem, was wir aus dem schließen, was wir im Jetzt erkennen und daraus die Erkenntnis ziehen, was kommen wird,*
- *Wenn wir uns freimachen von dem Wunsch, die Zukunft bereits jetzt zu gestalten in der Form, in der wir sie jetzt sehen,*
- *Wenn wir uns davon frei machen und stattdessen akzeptieren, dass wir im Jetzt das entstehen lassen können, was uns im Jetzt förderlich ist und dann den Samen zu setzen für das, was da kommen wird in der Zukunft. Ohne es zu manifestieren mit dem vermeintlichen Wissen, mit den vermeintlichen Erfahrungen, die wir gerade jetzt im Moment zu glauben besitzen,*
- *Wenn wir diese Freiheit für uns vollständig in Anspruch nehmen,*

...dann wird es leichter, dann wird es leicht, dann haben wir die Möglichkeit, uns nicht nur zurückzulehnen, sondern auch mit einem strahlenden Gesicht nach vorne zu schauen und mit einer gewissen Neugierde dorthin zu schauen, was da kommen wird auf uns.

Gelernt haben wir in unseren vielen, vielen Jahren und wenigen Jahrzehnten hier auf dieser Erde, dass sehr, sehr oft Wünsche und Vorstellungen, die wir hineingebracht haben in diese Welt, tatsächlich ihre Umsetzung fanden. Zum Teil waren es jene Situationen, die wir befürchtet hatten und zum Teil waren es jene Wünsche, die wir gelenkt hatten und gesetzt hatten und geschickt hatten in die Zukunft, auf dass sie eintreffen mögen. Rückblickend gab es leider ein Ungleichgewicht zwischen den vermeintlich negativen Ereignissen, die eingetreten sind, die wir vorhergesehen haben und den positiven Wünschen, die wir gesendet hatten und nur wenige davon wurden real. Deshalb dürfen wir uns frei machen von diesen Vorstellungen, aber auch von den Wünschen, völlig frei zu sein für das, was wirklich für uns in der Auster, in der Schatztruhe der Zukunft liegt.

Zu denken, zu glauben und manchmal auch zu hoffen, dass wir die Zukunft bestimmen können, liegt nicht in unserer Hand. Aber bewusst und aktiv im Jetzt zu sein und zu erkennen, ich lebe mich so, wie ich bin. Und das ist der Schlüssel für die nächste Tür, die wieder vor uns stehen wird. Und dann, und dann setzen wir ganz bewusst und ganz aktiv und ganz direkt den Schlüssel am Schloss an und drehen den Kamm und den Bart und die Tür öffnet sich wirklich. Es gibt kein Hindernis nach vorne, die Zeit schreitet voran, wir gehen mit ihr, wir sind Teil des Ganzen und nichts hält uns davon ab, ein Teil des Ganzen zu sein, bis zu unserer Bestimmung, bis wir den Übergang in das All-Eine dann vollziehen.

Immer, immer dann, wenn ich in meiner Werkstatt saß und ein Projekt abgeschlossen hatte, stand ich mit leeren Händen und saß mit leeren Gedanken und auch mit einem leeren Blick an meinem Schreibtisch, an meinem Katheder und seinen Werkzeugen, die mir zur Verfügung standen: das Papier, der Bleistift, die Lineale, der Zirkel. All das, was noch zuvor, Wochen zuvor unentbehrlich erschien für meine Tätigkeit, sie lagen nun plötzlich dort die Materialien und hatten im Moment keinerlei Funktion. Sie lagen einfach dort, ohne Kraft, ohne Aussicht darauf, jemals wieder benutzt werden zu können und oftmals fürchtete ich sogar, dass sie verstauben würden. Obwohl doch all das Potential auch weiterhin in ihnen steckte, Werkzeuge dafür zu sein, dass neue Ideen auf Papier gebracht und schließlich auch umgesetzt werden würden mit der Hilfe Dritter und Vierter, anderer - immer begleitet von mir.

Wenn ich dann wieder erwachte aus diesem Zwischenzustand, diesem Dämmerzustand und mir klar wurde, dass das Abschließen einer Tätigkeit, einer Arbeit, eines Projektes nichts anderes ist als ein weiterer Fluss im Rahmen meiner Tätigkeit; nahm ich in der Regel den Bleistift auf, nahm ein Stück Papier und begann wie wild darauf herum zu kritzeln. Und aus *diesem Kritzeln heraus entstand wieder eine Form, wieder eine Idee. Doch es war nicht wichtig, ob sie erfüllt wurde, umgesetzt wurde, ins Leben gebracht oder ob es einfach nur eine Idee war, die mich weiter ... mit der Seele ... auch erfüllte. Dass Werkzeuge nicht einfach Werkzeug ist, sondern dass sie immer das Potential in sich tragen, es für mich umzusetzen und mir die Möglichkeit zu geben, etwas zu realisieren.*

So seht denn die Potentiale, die Möglichkeiten, die ihr in euch tragt, und immer wieder deutlich anerkennt, und auch wenn ihr einmal nichts tut (mit anderen Worten) im Nichtstun seid. Dennoch, das Potential in euch trägt bereits, im nächsten Moment, in der nächsten Sekunde aufzustehen und etwas umzusetzen, was als Idee vorhanden ist. Verschwendet nie Energie und Zeit und Gedanken darauf, dass irgendetwas nicht funktionieren könnte, sondern erkennt immer das Potential, das im Samen vorhanden ist, das in dem Werkzeug steckt. Und ihr im rechten Moment nicht nur davon Gebrauch macht, sondern es nutzt, um wieder etwas entstehen zu lassen, nicht in der Zukunft, sondern im Jetzt.

Der Dank gilt immer wieder euch, die ihr euch verbindet mit uns und dem All-Einen, mit der Hoffnung, der Gewissheit, dass wir da sind, dass ihr dort seid, wo ihr seid. Dass wir in Verbindung sind und so gemeinsam durchschreiten können diese Zeit des Lebens hier auf dieser Erde, bis wir wieder vereint sind. Bringt mehr und mehr und immer wieder mehr und Licht hinein in diese Welt, die es absolut braucht.

Mit diesen Worten verlassen wir euch für heute.

Das Daheim-Sein

Wie schön ist es immer wieder mit Menschen zusammen zu treffen, die ähnliches oder gleiches oder manchmal sogar auch dasselbe glauben und fühlen und (in) die richtige gemeinsame Richtung sich entwickelt haben und mit ihnen zusammen zu kommen, und mit ihnen zu reden und manchmal auch zu üben. Und darin dann auch die Stärkung zu finden, die wir brauchen, um unseren Alltag doch noch ein wenig leichter leben zu können. Denn was macht es denn für einen Sinn zu glauben, dass in 20 Jahren oder vielleicht auch in 40 Jahren diese Erde, auf der wir gerade leben, nicht mehr existiert und nur noch in Angst und Sorge und Furcht zu leben? Was für einen Sinn macht das denn für den jetzigen Alltag, für das Heute, für das Jetzt, dafür wie wir jetzt unser Leben gestalten?

Ist es nicht wichtiger zu erleben das, was gerade jetzt auf uns zukommt, worin wir uns jetzt befinden? Und nicht darauf zu spekulieren, dass demnächst oder schon recht bald oder in absehbarer Zeit etwas geschieht, was wir nicht kontrollieren können. Denn wahrlich, wir können es nicht kontrollieren und wir können nicht einmal (und da müssen wir ganz realistisch für uns auch sein), wir können nicht einmal den nächsten Tag und auch nicht die nächsten Stunden kontrollieren. Kontrollieren können wir tatsächlich nichts auf und in dieser Welt und in diesem Leben. Denn, wenn wir es genau betrachten, dann sind all die Vorgehensweisen, all die Rhythmen, all die Geschehnisse selbst in unserem Körper von uns nicht kontrollierbar. Oder können wir den Pulsschlag regulieren? Können wir die Verdauung regulieren? Wissen wir, was in unserem Körper jetzt geschieht oder während wir schlafen oder wie die eine Verbindung mit der anderen zusammenhängt? Wenn wir versuchen würden ganz bewusst die Vorgehensweisen in unserem Darm, in unserem Magen zu kontrollieren, wir würden scheitern, weil wir die Zusammenhänge nicht kennen, weil wir nicht wissen, wie dies geschieht. Wir könnten mit Hilfe unterschiedlichster Nahrungsmittel tatsächlich Einfluss nehmen. Den Prozess selbst aber können wir nicht kontrollieren. Wir vertrauen also darauf, dass unser Körper funktioniert. Wir vertrauen darauf, dass wir, wenn wir von A nach B schreiten wollen, die richtigen Muskeln und Knochen und Knorpel in einer Kombination zusammenarbeiten, zusammenspielen (nennen wir es so), dass wir tatsächlich diesen Weg, diese Wegstrecke zurücklegen können ohne Kontrolle.

Wenn wir dieses Beispiel dann übertragen auf unser Leben, auf unser Zusammenleben mit jenen Menschen, die in unserer näheren Umgebung sind, die mit uns in unserem (nennen wir es) Land sind, in unserer Sprachgemeinschaft und darüber hinaus auch, dann wird deutlich, welchen Teil wir einnehmen hier auf dieser Erde, hier auf diesem Planeten. Wir nehmen genau diesen Teil ein, den wir einnehmen. Wir sind die Person, die wir sind, und wir zeigen uns in dem Bewusstsein, das wir haben, und wir teilen uns mit, mit den Worten, mit denen wir uns mitteilen. Wir haben also unsere Sprache, wir haben unser Sein, wir haben die Möglichkeit, unsere Gedanken nach außen zu kommunizieren und so uns selbst zu erfahren im Zusammenspiel mit denen, die uns umgeben: Mit denen, die uns ganz nah umgeben und die, die etwas weiter entfernt sind und die, die ganz weit entfernt sind.

Immer dann, immer dann, wenn ich von einer Reise zurückkam an meinen Wohnort, immer dann, wenn ich spürte, dass ich näher an meinen Wohnort heranfuhr, spürte ich, dass eine große Verbindung zwischen mir und dem Ort (existierte), an dem ich wohnte, an dem meine Familie wohnte, dass ich mehr und mehr angezogen wurde, dass die Last der Reise tatsächlich von mir abfiel und ich mich freute näher und näher zu kommen - dorthin, wo ich mein Heim hatte, wo ich meine Heimat gefunden hatte. Meine Heimat, die mir das bedeutete. Die mir eigentlich alles bedeutete, denn dort war die Familie, meine Frau, die Kinder, mein Heim.

Auch hier wissend, dass mein allererstes Heim dort war, wo sich meine Eltern niedergelassen hatten. Und dass das nächste Heim, die nächste Heimat sich dort befinden würde, wohin mich beruflich oder privat der nächste

Schritt bringen würde. Heimat also als das, was einen Ort auszeichnet, an dem ich selbst mir sage, dass ich hier und dort eben zuhause bin. Heimat als Begriff dafür, dass ich angekommen bin, egal wo meine Wiege stand.

Und doch hatte ich immer die Verbindung zu meinem Geburtsort: Einem Ort, wo ich aufgewachsen, ein Ort, an dem ich eine Ausbildung genossen, schließlich auch arbeiten durfte und dort, wo ich letztendlich, die letzten Jahre meines Lebens verbracht hatte.

Damit ist dieser Begriff flexibel, wandelbar und immer geprägt von meinem eigenen Bewusstsein. Was jedoch nicht flexibel, was nicht wandelbar war, war meine Verbindung hinauf zum All-Einen, hinauf zu dem Geistigen, hinauf zu dem Göttlichen. Denn das war immer getragen von einer großen, großen Freude, von einer großen Liebe, von einem großen Verständnis, das ich glücklicherweise niemanden erklären musste. Denn das war die Verbindung zwischen mir und dem All-Einen.

Auch hier wissend, dass jeder Mensch, einzeln wie er ist, wie er dasteht in dieser Daseins-Form, auf dieser Erde ebenfalls verbunden ist mit dem All-Einen. So dass es keine Unterschiede gab, zwischen mir und jenen und jener und all den anderen, wo auch immer sie sich befanden. Wohlwissend, dass jeder einzelne Mensch, egal wo er sich befindet in der gleichen, schönen, tragenden und näheren Verbindung mit dem Göttlichen, mit dem All-Einen ist, wie ich. So dass wir alle verbunden sind und es kein Unterschied zwischen hier und dort und mir und jenen. Dass es keinen Unterschied gibt zwischen Religion und Philosophie und Gedankenwelt und Theorien, dass wir alle verbunden sind und damit alle gleich. Dieses Wissen gab mir Kraft, dieses Wissen gab mir dann Heilung, wenn wieder einmal der Zweifel an mir nagte und ich nicht wusste, wie es weitergehen könnte.

So nimm denn wahr dein, dein Licht, das dich erfüllt, dein Licht, das dich strahlen lässt, dein Licht, das dich als Leuchtturm stehen lässt hier und auf dieser Welt und Kontakt mit anderen sucht und findet. Erkenne, dass der

Weg, auf dem du dich gerade befindest, der Weg ist, der Licht und Freude und Energie hinein bringt in die Welt, so wie sie ist. Auf dass sie auflöst jene Ängste und Sorgen, jene Furcht mit Verständnis und mit Vertrauen. Vor allen Dingen mit der Übernahme der Verantwortung für uns selbst im Hier und Jetzt. Nicht sind es die anderen, die immer wieder etwas falsch machen, sondern wir müssen gemeinsam Ziele erreichen, die für uns förderlich sind und nicht den Finger nutzen, um auf andere zu zeigen.

Übernimm deine Verantwortung, übernimm sie für dich selbst. Zeige dich in deinem schönsten Sein, so wie du bist, damit andere erkennen im Spiegel dessen, was du darstellst, was du präsentierst, was du bist, dass es genauso geht. Zeige dich von deiner schönsten Seite, von deinem schönsten Gewand im Außen, auf dass andere erkennen, wie wunderbar es ist, sich selbst zu zeigen, so wie ich bin. Auf dass sie nachahmen, sich selbst finden im Spiegelbild von dir.

In der Hoffnung, dass das in irgendeiner Form verstanden werden konnte, verlassen wir dich für heute wieder.

Die Freiheit wählen

Wenn wieder einmal schwierige Zeiten auf uns zukommen oder wir glauben, dass wir uns in schwierigen Zeiten befinden, dann setzt ab und zu (und das weiß ich aus meinen eigenen Erfahrungen), dann setzt tatsächlich der Kopf aus. Wir wissen nicht mehr, was wir denken sollen, warum wir das eine und das andere als Gedanken in unserem Kopf haben. Und wir sind und fühlen uns kopflos, weil so vieles Unterschiedliches auf uns einwirkt, dass wir nicht die Möglichkeit haben einen klaren Gedanken zu fühlen, zu spüren und vor allem auch jenem klaren Gedanken zu folgen. Wir malen uns aus, was geschieht, was geschehen könnte. Wir malen uns die schlimmsten und aber schlimmsten Szenarien aus und Furcht, Angst und Sorge bestimmen das, was wir morgens, wenn wir aufwachen, nach einem erfüllten und ruhigen Schlaf, was wir spüren. Auch mittags ist das gleiche und abends auch bevor wir wieder einschlafen. Anstatt uns darauf zu konzentrieren, was uns als Mensch ausmacht, was uns hilft. Nämlich zu spüren, die innere Verbindung zum All-Einen, zu uns, zum Universum, zur Erde, zu den Menschen um daraus heraus zu etablieren, zu spüren, wahrzunehmen die Verbindung, die uns hält. Die uns die Kraft gibt, die wir brauchen, um diesen verrückten Alltag, so wie wir ihn wahrnehmen, nicht nur zu erleben, sondern auch zu gestalten.

Wenn dann noch hinzukommt die Sorge um das, was unsere physische, unsere körperliche Gesundheit... hinzukommt, wenn wir nicht wissen, welchen Weg wir einschlagen sollen, was wir für uns annehmen dürfen, was wir für uns annehmen sollen, was wir als medizinische Leistung in uns hineingeben dürfen, um besser, gestärkter, versorgter in die nächsten Tage, Wochen und Monate gehen zu dürfen, dann erleben wir dieses Schwimmen.

Doch wie kommen wir heraus aus diesem Schwimmen, ohne für uns Klarheit zu schaffen? Wichtig ist es dabei zu erkennen, dass wir alleine entscheiden dürfen über das, was für uns wichtig ist. Informationen und Hilfen werden an uns herangetragen und wir dürfen völlig frei sagen: „Ja das will ich" und „Nein, das will ich nicht". Mit all den Konsequenzen, die darin stecken in dieser Entscheidung des „Ja" und des „Nein". Und wenn wir dann getroffen haben diese Entscheidung, dann dürfen wir auch leben mit dieser Entscheidung, egal in welche Richtung sie uns führen mag.

Wichtig aber ist dabei zu erkennen, dass Freiheit das Ziel ist dessen, was wir wollen:

- Wollen wir fest halten an dem, was wir kennen?
- Wollen wir fest halten an dem, was unser kleiner Geist uns einflüstert?
- Wollen wir wahrnehmen das, was von außen auf uns zukommt und wir für uns annehmen?
- Wollen wir fest halten daran, dass wir an einem bestimmten Ort gekettet sind und nicht die Möglichkeit haben zu wechseln? Wo es doch so viele Orte auf dieser Welt gibt, die uns aufnehmen würden, wenn wir ihnen die Freiheit geben würden und wenn wir uns die Freiheit geben würden, es anzunehmen?
- Warum sollten wir uns in Ketten legen lassen? Ketten, die wir uns selbst umlegen, um uns festzuhalten an dieser einen Idee, an dieser Vorstellung, an diesem einen Ort. Statt Freiheit zu leben, indem wir sagen: „Ja, ich nehme es an" und ich gestalte es so, wie es für mich stimmig ist. Ich erkenne, es gibt eine Notwendigkeit, die ich erfüllen kann. Es gibt eine Lösung, die von außen mir gereicht wird und dann entscheide ich frei, ob ich es will oder nicht.
- Warum sollte ich mich entscheiden lassen von dritten Kräften, die von außen auf mich einwirken, die mich bestimmen, die mein Urteil fällen, ohne dass ich selbst mein eigenes Urteil ausspreche?
- Ist es nicht schöner zu sagen: „Dieses möchte ich und jenes möchte ich nicht"?

- Ist es nicht schöner zu erkennen, dass ich die Freiheit wählen kann und es auch tue, dass ich Konsequenzen auf mich nehme und dann frei bin?
- Warum sollte ich mich in Ketten legen, sogar legen lassen von anderen? Statt frei zu sein, einfach deshalb, weil ich frei sein will?

Wenn ich in Liebe das geschehen lasse, was um mich herum geschieht, weil ich es mitbestimme, weil ich mich dann zurückziehe an den Punkten, die nichts mit meinem Leben und mir zu tun haben, die tatsächlich dann Freiheit für mich geben, wenn ich loslassen kann. Statt festzuhalten an dem, was mich verhaftet an dem Ort. Immer dann, wenn es mir möglich ist, mich selbst zu leben, so wie ich bin, im Einklang mit der Natur, mit dem Göttlichen, mit dem All-Einen, im Einklang mit mir selbst, dann stehe ich dort, wo ich bin und zwar fest wie eine Eiche, um dieses alte Bild zu nutzen. Und nebenbei, was gibt es Schöneres als eine Buche, was gibt es Schöneres als eine Eiche? Sie steht fest verwurzelt dort, wo sie ist. Aber nicht bin ich die Buche und nicht bin ich die Eiche. Ich bin der und die, die ich bin: In meiner Flexibilität, in meiner Bewegung, im freien Entscheiden, was ich möchte und nicht was andere möchten.

Jedem Urteilsspruch würde ich persönlich aus dem Weg gehen, wenn ich die Möglichkeit hätte, mich zu bewegen. Denn dadurch erhalte ich die Freiheit, die ich brauche. Und dann... und dann bin ich frei, unabhängig von Ort, von Zeit oder auch von Personen. Weil ich immer wieder die anziehen werde, die Menschen, die ich brauche für das, was ich hier auf dieser Erde noch entwickeln möchte. So nimm deine eigene Freiheit, nimm deinen Stolz, ja, nimm das, was du entwickeln, in die Welt hineinbringen möchtest, hier und schaue, dass du es tust. Dass du diesen Schritt wagst, weil dieser Schritt dich trägt. Und dann bist du dort, wo du sein möchtest. Unabhängig von all den alten Kleberesten, die an dir halten und haften und die dich zurückziehen. Du bist frei, wenn du dich frei machst und wenn du frei bist.

So fühle dich wie der Adler, der schwebt hoch oben in einer Höhe, die für dich als Mensch nicht erreichbar ist ohne technisches Gerät. Doch lass die Technik beiseite und spüre, dass du als Mensch dort bist, wo du bist und du entscheidest, was für dich wichtig ist.

Und damit verlasse ich dich für heute.

Das Innere erspüren

Danke (atmet hörbar ein und aus). Wie oft ist es mir passiert, dass ich in einem Ladengeschäft auf eine ganz bestimmte Frucht mein Augenmerk lenkte, und genau diese Frucht, die mich anlachte, dann auch wählte. Sie sah von außen wunderschön aus, eine schöne Farbe, eine schöne Form, ich stellte mir vor, wenn ich sie verzehren würde, dieser oder jener Geschmack entsteht in meinem Mund und ich wirklich mich freuen könnte an dem, was ich da gerade jetzt am Kaufen bin.

Nahm ich diese Frucht, dieses Obststück mit – natürlich nachdem ich bezahlt hatte - und ging nach Hause, übergab es meiner Frau und sie schaute mich mit großen Augen an. Manchmal, so hatte ich das Gefühl, hatte sie so etwas wie Röntgen-Augen, ein Röntgen-Blick, der durchdringt die äußere Schale, nicht nur von Frucht, sondern auch von Menschen. Und sie schüttelte den Kopf und fragte mich, warum ich denn gerade diese, eine jene Frucht ausgewählt hätte? Und ich erzählte ihr genau die Umstände. Sie nahm ein Messer durchschnitt die Frucht und zeigte mir das Innere, das ich von außen nicht hätte erahnt. Und ich sah, dass in dieser Frucht ein Tier saß, dass bereits eine andere Lebensform sich diese Frucht erobert hatte und dass nun für sich deklarierte. Tatsächlich so deklarierte, dass diese Frucht für mich nicht mehr essbar war, genießbar war, nicht mehr zum Verzehr geeignet. Entsprechend groß war meine Frustration, der Wunsch sich etwas Schönes zu erwerben und mitzubringen und dann auch verzehren zu können stand natürlich am Anfang. Wie herbe wurde ich enttäuscht, als ich dann das Innere sehen musste, das mir präsentiert wurde von meiner Gattin. Nicht, dass ich selbst darauf gekommen wäre.

Doch diese Erkenntnis ist das, was im Innerem von etwas (ist) nicht immer dem entspricht, was als äußere Form sichtbar ist. Diese Erkenntnis musste ich in vielen Momenten meines Lebens tatsächlich erleiden. Nur selten konnte ich (ich hatte diese Fähigkeit nicht erlernt), nur selten konnte ich hinter die Stirn eines Menschen schauen, um zu erkennen, mit welchen Gedanken sie tatsächlich auf mich zugekommen waren, mit welchen Wünschen und auch mit welchen Hintergedanken. Zu naiv war ich oftmals und besonders dann, wenn der Ingenieur gefragt wurde. Wenn es um etwas Technisches ging, besonders dann war ich voll Feuer und Flamme mit der Erklärung und der Klärung von Fragen, von Wünschen, die auf mich zukamen. Und oftmals auch im Zusammenspiel, Zusammensein mit, ja, mit Konkurrenten, habe ich zu viel und zu oft in der Hitze des Gefechts erzählt von mir, von den Vorteilen, die jetzt hier gerade am Entstehen sind, aber auch von meinen Ideen. So oft habe ich preisgegeben, das, was noch gar nicht in der Mache war und ja, manchmal sogar wurde übernommen etwas, was ich im Redefluss ausgesprochen hatte. Es wurde von anderen umgesetzt, obwohl es doch mein eigenes geistiges Eigentum war.

Dies konnte ich nicht zurückfordern. Denn es war eine freie Gabe aus meiner eigenen Lebenssituation, ohne dass ich dafür einen Auftrag hatte darüber zu sprechen, ohne dass etwas von mir gefordert wurde, nicht einmal, dass ich gezwungen wurde, es auszusprechen. Nein, es war der Eifer, der mich dazu brachte, diese fast schon Geheimnisse auszusprechen und zu präsentieren auf dem Silbertablett. Einfach, weil es mir eine Freude machte, eine wirkliche Freude, darüber zu sprechen.

Auch immer wieder erkannte ich, wenn ich zurückschaute, dass ich mich sehr oft ließ blenden von dem schönen Äußeren, sei es einen schönen Menschen, in der Regel einer schön gestalteten Frau, sei es einer schönen Idee, die wohl verpackt mir gereicht wurde. Deren Inhalt ich erst viel, viel später in der wahren Gestalt erkennen musste, so dass ich mich dann (erschrocken über mich selbst), dass ich mich dann wirklich entfernen musste (und mit einer gewissen Wehmut, aufgrund der eigenen Täuschung, die ich mir selbst auferlegt hatte), mit einer gewissen Wehmut mich entfernen musste. Dies verleitete mir in vielen, vielen Punkten den Neu-Anfang in Beziehungen zu Menschen, im Neuanfangen in Bezug auf Ideen, in geistigem Eigentum und Vorstellungen und manchmal auch Thesen. Je älter ich wurde, desto klarer wurde mir aber auch, dass ich mit Hilfe dieser Kritikfähigkeit an mir selbst weniger im Misstrauen war. Sondern schließlich mit einem gesunden Abwägen erkennen konnte für mich, dass ich mich nicht mehr blenden ließ von dem, was an äußerer Form auf mich zukam. Sondern dass ich erst einmal das nur annahm, was für mich stimmig war, in allen und aus allen Perspektiven und erst dann mich einließ. Dass ich also nicht die Vorfreude vor das eigentliche Erkennen setzte; sondern mit einer gewissen fachlichen Sachlichkeit heran ging an viele der Themen meines Alltags. Und so auch gewappnet war für jene großen Überraschungen, die da kommen sollten auf mich zu, sei es politischer, sei es gesellschaftlicher, sei es familiärer Art.

Ob das schon ein bisschen das traf? ...

(Genauer Wortlaut der Antwort von den Teilnehmern ist auf dem Band nicht zu hören)

Gab die Antwort dir schon Bezug auf die Fragen, die du möglicherweise stellen wirst? ...

(Genauer Wortlaut der Antwort von den Teilnehmern ist auf dem Band nicht zu hören)

Dann ist jetzt der Raum für eine Frage:

TN 1 stellt eine Frage zu seiner Verbindung zur Geistigen Welt. Er hatte das Erlebnis, dass er ein Gerichtsurteil falsch vorhergesehen hat.

Die Geistige Welt ist mit dir verbunden, egal in welchen Zustand, egal in welcher Position, egal in welchem Lebensabschnitt du dich befindest. Du bist immer verbunden mit uns, mit der Geistigen Welt, du bist immer in Verbindung. Dazwischen schießt aber das, was wir das Egoistische, das Ego, den, den Wunsch, das Wunschdenken nennen. So wird es hier auf dieser Welt auch immer wieder tradiert: Das, was der Mensch sich wünscht, das, was wir uns in unserem Bewusstsein für uns aufbauen, was wir erreichen wollen, steht in der Regel weit über dem, was von uns hier auf dieser Erde auch präsentiert wird. Wenn ich herangehe an eine ganz bestimmte Situation eines Menschen auf dieser Erde, habe ich eine Vorstellung von dem, was ich erreichen möchte. Nun gilt es aber auch abzuklären und abzuklopfen inwieweit dieser Wunsch, den ich dahabe (in mir gebildet, in meinem Bewusstsein, aus meinem Erfahrungshorizont), inwieweit dieser rein und ursprünglich und in vollständiger Angebundenheit an die Geistige Welt, wirklich existiert? Dabei ist es wichtig zu erkennen, dass die eigenen Wünsche, die vom Ego getrieben sind, nicht die Realität widerspiegeln, die normalerweise die Realität auch abbildet.

Wenn du dich befindest in einer Situation, in der du etwas erreichen möchtest, in der du erfahren möchtest, ob das, was du gerade denkst, fühlst, was in dir ist, tatsächlich von Erkenntnis getragen ist und in Anbindung an die Geistige Welt, dann geht es darum einige Schritte zurück zu gehen. Eben nicht den Wunsch, das Ergebnisses bereits in deinen eigenen Gedanken, in deinem Bewusstsein platzieren zu lassen. Sondern, wesentlich vorher Schritte also zurück gehend, den Blick auf das zu setzen, was kommen soll. Dann wirst du sehen, dass deine eigene Leidenschaft, das, was dich auch bewegt, das, was dich vorantreibt, nur ein Teil der Antwort ist.

Wenn ich mich hinsetze und einen Brief schreibe, dann ist der erste Brief, die erste Fassung, die ich da zu Papier, zu Blatt bringe, ist das, was ich unbedingt möchte. Es ist das, was mich, was mein Ego, was mein Bewusstsein schreiben lässt.

Wenn ich dann eine 2. Version desselben Briefes zu Papier bringe - den ersten habe ich abgeschlossen, ich habe ihn sogar frankiert, ich habe ihn in einen Umschlag gepackt, ich habe ihn adressiert, aber er liegt an der Seite - dann schreibe ich denselben Inhalt, denselben Brief nochmals. Jetzt aber in einer Form und in Worten, die nicht mehr vom Ego geprägt, vom

Bewusstsein geprägt sind, denn das ist bereits geschehen, das ist schon geschrieben. Ich beginne also denselben Brief mit denselben Inhalten noch einmal zu schreiben, wobei die Worte, die jetzt kommen, sich auf einer anderen Ebenen bereits befinden, denn das Irdische, das Gesagte ist gesagt. Dann kommt es darauf an, das zu Papier zu bringen, was auf einer anderen Schwingungsebene vorhanden ist. Auch hier schreibe herunter das, was dich gerade bewegt. Der Inhalt wie gesagt ist der Gleiche, die Worte werden andere sein. Auch hier das Papier falten, in den Umschlag bringen, frankieren, adressieren und zur Seite legen.

Und dann gehst du zum 3. Mal an diesen Brief: Du schreibst erneut den Inhalt nieder, wieder ist es eine andere Schwingungsebene. Zu Anfang (und dies ist ein Rat von unserer Seite), zu Anfang wirst du 5, 6, vielleicht 7 Varianten schreiben müssen, - immer derselbe Inhalt, immer auf einer anderen Schwingungsebene. Und wenn du dann nach einer gewissen Zeit diese (sagen wir) sieben Briefe zum gleichen Inhalt wieder beginnst zu öffnen und zu lesen, wirst du spüren beim Lesen welche Verbindung du zur Geistigen Welt, zu uns, dich wandelte, als du am Schreiben warst. Der erste Brief, der 2., der 3., der 4., 5., 6. und 7.: Vom Inhalt her unterscheiden sie sich nicht. In der Wortwahl jedoch und von der Schwingungsebene unterscheiden sie sich wohl. Und du wirst sehen, mit welchen, an welcher Vision, Version deiner Briefe du die stärkste Verbindung zur Geistigen Welt, zum Universum spürst. Und dann gehst du und wirfst einen Anker genau auf diesen Moment, indem du erkennst, hier ist die Verbindung zur Geistigen Welt, hier kippt sie und hier ist sie noch nicht vorhanden.

Wenn du dann wieder einmal in eine Entscheidungssituation kommst, wieder einmal überprüfen möchtest, wo du dich gerade befindest, in der Verbindung mit der Geistigen Welt, dann erinnerst du dich an eben jenen Brief, (dessen Inhalt und dessen Schwingung und eben das, was zwischen den Worten und Zeilen dir an Weisheit zurück gespiegelt wurde), dann erkennst du: hier war die Verbindung zur Geistigen Welt am stärksten, zuvor bei all den anderen Brief-Versionen überwog noch stark die weltliche

Ebene, das Ego, das Bewusstsein, das Ich. Es wurde gemildert von Version, zur Version, deine Verbindung gestärkt, gefestigt, so dass du mit dieser Übung eine wunderbare Übung hast, um abzugleichen, an welcher Stelle der Verbindung mit uns du dich befindest, wann du die Verbindung zwischen dir und der Geistigen Welt und uns am deutlichsten spürst.

Dies auch als Übung für dich, die wir dich tatsächlich bitten, jetzt in den nächsten Wochen und Monaten an mindestens 4 Beispielen durchzuexerzieren, um dir die Möglichkeit zu geben, dich stärker und stärker in die Situation hinein zu begeben, zu verbinden. Damit du sicherer wirst im Umgang, im Wissen, dass du angebunden bist. Das bist du ja sowieso. Dennoch, dass du auch spüren kannst und mehr Vertrauen bekommst in dich selbst in der Verbindung mit der Geistigen Welt.

Mit dieser Übung, mit dem Vertrauen, dass es dir möglich ist es auch umzusetzen, verlassen wir dich an dem heutigen Abend.

Die Hoffnung

Du kannst sicher sein, dass du niemals alleine bist. Du kannst sicher sein, dass ich immer in deiner Nähe bin, dass ich mit dir immer verbunden bin und dich niemals alleine lasse. Dass all die Gefühle, die du hast, die dich scheinbar erspüren lassen, dass du verlassen bist von der Welt, von mir, von anderen - dass dieses Gefühl nicht stimmig ist, dass dies ein Gefühl des Kopfes ist. Ein Gefühl, das nicht mit der verbundenen Realität ist, so wie wir es kennen. Denn ich bin immer bei dir, ich bin immer da. Ich bin immer offen für Fragen und bereit, Antworten zu geben, auch dann, wenn du keine Antworten erhalten möchtest, ...

- *weil du wieder einmal glaubtest, (dass) nur du allein bestimmen könntest oder selbst weißt, was das Richtige ist,*
- *weil du wieder einmal mit dem Kopf durch die Wand gehen möchtest,*
- *weil du wieder einmal selbst erfahren willst, wie es ist, eben nicht recht zu haben.*

Ich bin immer da und unterstütze dich und auch dann, wenn du glaubst, dass nur du die Antwort hast, für das, was gerade auf dich zukommt. Auch dann bin ich an deiner Seite und unterstütze dich dort, wo du bist. Damit du die Möglichkeit hast zu erfahren, was dein Gefühl sagt, was der Kopf sagt und was über die Verbindung zu mir, zu uns, der Geistigen Welt zu dir gegeben wird. Wenn du wieder einmal stehst an der Tür und glaubst im Rückblick, die Erfahrung teilen zu müssen, dass das, was du einmal getan hast, nicht das Richtige war, sondern das, was du gerade eben noch gehört hast. Plötzlich überschattet das, was die Wirklichkeit ist und du beginnst wieder zu zweifeln an dem, was du bereits abgespeichert hattest und nun erneut durchleben möchtest: das, was nicht mehr stimmig ist. Also, lass los dort an der Stelle, an der du immer wieder glaubtest, dass nur du allein die Antwort hast für das, was da kommt.

Ich werde dich nicht verlassen, denn ich bin immer an deiner Seite und du wirst immer spüren, dass ich an deiner Seite bin. Nur so ist es möglich, dass wir beide gemeinsam auch weiterhin gehen durch das, was für mich die Gegenwart und die Zukunft ist und nur so macht es auch Sinn: Denn wenn wir zweifeln, zerstören wir, denn wenn wir in Angst leben, reduzieren wir uns auf das, was nicht wirklich existiert und wenn die Furcht dann noch dazu kommt, dann fehlt die Hoffnung. Und genau das ist das, was wir brauchen, was ich dir geben möchte: Hoffnung, Unterstützung und Freude für das, was jetzt ist und das, was kommen wird.

Zu zweifeln daran, dass ich an deiner Seite bin, hilft nicht. Stattdessen zu erkennen, das Ich zu spüren, und zu erleben, dass ich an deiner Seite bin, egal, was gerade von dir getan wird: Sei es, dass du aufwachst am Morgen, sei es, dass du ein Getränk trinkst nach dem Aufwachen, sei es, dass du etwas isst oder etwas tust, sei es beruflich, sei es nur, um dich zu unterstützen in einem Geschäft oder auf dem Weg zu einer anderen Tätigkeit immer zu erkennen, dass du nicht alleine bist, sondern dass du immer bist im Kontakt mit mir. Allein das darf dir und soll dir und wird dir - und ja, es gibt dir die Unterstützung, die du brauchst, ...

- *um den nächsten Schritt zu gehen,*
- *um den Fuß wieder vor den anderen zu setzen und mit einem freudigen Gedanken hinauszugehen in die Welt,*
- *um zu erkennen, dass wir immer in Verbindung sind,*
- *um zu erkennen, dass es hier eine Kette gibt, die uns hält, die uns stärkt, die uns beide weiterführt.*

Und dann ist es egal, ob du mich wahrnimmst ...

- *als der Mensch, der an deiner Seite war oder an deiner Seite ist oder*
- *als der Führer, der dich unterstützt bei dem, was du tust, oder*

- o als jene Person, die dich in der Zukunft, die du dir gerade ausdenkst und bildest, die dir hilft, um das zu erreichen, was zunächst kommen wird.

Immer bin ich an deiner Seite. Immer sind wir an deiner Seite, wir die wir die Geistige Welt sind und du, der du Teil bist des Ganzen: niemals bist du alleine, niemals verloren.

Wenn wir es dann schaffen, gemeinsam die Verzweiflung aufzulösen und zu erkennen, die Erkenntnis zu leben, dass das, was gerade geschieht (egal in welcher Form wir es auch etikettieren, in welcher Form wir es bewerten, wie wir es benennen, wie wir glauben es bewerten zu müssen), wenn es dann möglich ist, frei und unabhängig von der aktuellen Situation wahrzunehmen, dass das, was gerade ist, nichts anderes ist, als das, was gerade ist, nämlich die Gegenwart, dann sind wir frei, bin ich frei und damit bist auch du frei, um einfach nur zu leben und nur zu sein: Nur den gegenwärtigen Moment so zu leben wie er ist, ohne Bewertung und ohne Urteil. Zu erkennen, dass das, was ist, gerade ist und so hineinzugehen in die Gegenwart, die wir gestalten können, indem wir aktiv sind agierend mit dem, was gerade uns gereicht wird.

Niemals bist du allein. Immer bin ich bei dir.

Und damit verlasse ich dich und euch für heute.

Die Antwort kommt

Nicht der, nicht der Ort ist wichtig an dem die Verbindung aufgenommen wird zu uns, nicht der Ort, den wir glauben, den wir einnehmen müssten. Es ist nicht der spezielle Stuhl, der spezielle Raum oder gar die ganz besondere Stadt, die möglicherweise liegt ganz in unserer Nähe oder weit, weit weg entfernt ist; ein Ort, zu dem wir erst pilgern müssten, um dann endlich aufbauen zu können die Verbindung zu dem Göttlichen, zur Geistigen Welt, zum All-Einen. Nein, es ist jener Raum, indem wir uns genau in diesem Moment befinden, in dem wir bereit sind, indem du bereit bist, aufzunehmen den Kontakt, nicht nur zu dir, sondern über dich den Kontakt aufzunehmen zu uns; wissend, dass dieser Kontakt immer besteht; wissend, dass wir niemals getrennt sind. Und doch ist es hilfreich, doch ist es unterstützend, (sich) immer wieder einmal neu auszukalibrieren, neu zu beginnen, die Verbindung herzustellen. Und sich ganz bewusst zu machen, dass es jetzt der Zeitpunkt ist, an dem wir sagen, indem ich sage, dass ich mit der Geistigen Welt im Kontakt sein möchte. Dass ich jetzt bereit bin, bereiter bin als vor zwei Stunden, da ich saß in einem Omnibus, da ich auf der Reise war, da ich beim Einkaufen war und nicht wirklich angebunden zu sein glaubte. Und doch beim Rückblick, beim Zurückschauen, wird mir klarer und bewusster, dass ich nicht jetzt (da ich sitze auf dem Stuhl und bereit bin mir die Anbindung angedeihen zu lassen), dass ich jetzt nicht wesentlich anders in meinem Bewusstseins-Zustand bin als zuvor: Zum Beispiel beim Einkaufen in diesen Lebensmittelgeschäft, indem ich auch mich fragte, ob ich nun diesen Apfel oder jenen Apfel in meinen Einkaufskorb legen sollte, ob denn das Stück Fleisch das sei, was mich am Abend erfreuen würde oder vielleicht doch eher das Gemüse oder beides? Und zurückschauend erkenne ich, dass es gar nicht wichtig ist, der Ort, der Zeitraum, der Zeitpunkt, an dem ich mir selbst bewusst werde über das, was gerade geschieht. Dass ich nicht benötige, nicht brauche ein Setting, das mir die Möglichkeit gibt eine Verbindung aufzubauen. Sondern dass ich nicht nur akzeptiere, sondern dass ich erkenne, wahrnehme und auch handle danach, dass ich jederzeit angebunden bin. Dass ich jederzeit anfragen kann, egal wo, egal wann und egal wie. Die Intention reicht aus. Und ich fühle und ich spüre und ich lass mich leiten von euch, von der Geistigen Welt in meinen Handlungen, Gedanken und auch in dem, was ich plane. Auch das gibt Unterstützung, auch das kann mich unterstützen, mir helfen auf meinem Lebensweg.

Wenn ich das weiß, dass ich zu jederzeit angebunden bin, wenn ich weiß, dass ich immer geleitet und geführt und hingewiesen werde, auf das, was für mich jetzt, was für mich im Moment richtig ist, dann ist es auch möglich das anzunehmen, das, was ich im Moment für mich brauche: sei es Heilung, sei es Unterstützung, sei es Förderung. Nicht nur im übertragenen Sinne, sondern auch direkt, auch unmittelbar für das eine und andere Wehwehchen, für die eine oder andere Erscheinung in Form einer Krankheit oder einer Veränderung des physischen Körpers, die nun eine Heilung braucht, die nun der Heilung bedarf und zu der nun Heilung auch gesendet werden kann. Ich darf mich darauf konzentrieren, ich darf Kräfte verwenden und ich darf Kräfte anfragen, die mir die Kraft, die Unterstützung, die Führung geben, um hier an dieser Stelle wieder eine Balance zu erhalten. Die es mir möglich macht, jenen Teil meines Körpers, meines physischen Körpers wieder so einzusetzen, dass ich weiteres und anderes nun für mich wieder in Angriff nehmen kann.

Und wenn ich dann spüre, dass es notwendig ist einen Ort zu verlassen und zu einem anderen Ort zu gehen, dann ist auch hier für mich innerlich die Bereitschaft da. Ich kann sie ergreifen, denn es ist wahrlich gleichgültig, (das hatte ich auch am Anfang dieses Abends schon gesagt), es ist gleichgültig an welchem Ort ich bin, denn ich kann den Kontakt aufnehmen zu all denen, zu denen ich Kontakt aufnehmen möchte von jedem Ort aus, wo ich gerade bin, egal, wo ich gerade bin. Und ich spreche hier nicht nur von der physischen Welt, von denen die noch leben auf diesem wunderschönen Planeten. Sondern auch jenen, die bereits gegangen sind und zu Beiden, jenen, die noch leben und jenen, die bereits gegangen sind, kann ich mit Hilfe eines Anrufs, einer Intentionsverbindung sofort den Kontakt herstellen. Und dann bin ich nicht mehr alleine, und das ist keine Vorstellung, es ist keine Illusion, sondern es ist das, was es ist. Es ist eine Kommunikation in beiden Richtungen, sowohl von mir gesprochen und gehört, als auch von dem Angesprochenen, von der Angesprochenen, gesprochen und gehört, gehört und gesprochen. Niemals bin ich allein. Niemals lebe ich allein auf dieser Welt. Ich bin immer umgeben von denen, die da sind und jenen, die da waren und sie sind jetzt auch bei mir, weil es für mich wichtig ist und ich mit Hilfe der Intention diese Kräfte aktiviere. Ich bin der Ziel-Angelpunkt und ich bin auch der Sende-Punkt und genau das zeichnet mich aus, hier auf dieser Erde, in diesem Moment, in diesem Jetzt in dem wir gerade leben.

Wie sieht sie aus, die Kommunikation zwischen mir und der geistigen Welt? Es ist nichts anderes, als ein Gespräch, das ich auch sonst führe mit mir selbst, mit anderen. Und dennoch die Antwortzeit ist kürzer, die Antworten sind präziser, die Hinweise treffsicherer. Und es ist nicht dieses Lavieren, das ich kenne, wenn ich spreche mit jenen, die in meiner Gegenwart mich umgeben, sei es in meinem Raum, meiner Wohnung, in meiner näheren Umgebung. Die Kommunikation mit uns, mit mir, mit der Geistigen Welt, ist die, die wir in der physischen realen Welt eine chirurgische nennen würden. Die Intention wird gesendet, der Schnitt gesetzt, die Antwort ist da.

Verglichen mit einem Gespräch mit Menschen draußen in der Welt: Man begrüßt sich, man spricht, man hört, man laviert, man erzählt und in der Regel wird das Wesentliche, das mir gerade brennt auf der Seele, doch nicht angesprochen. Ich wage es nicht zu erwähnen, ich lasse es sein, ich ziehe mich zurück, ich bin enttäuscht, ich warte auf eine nächste Gelegenheit, das ist das, was ich in der Realität, in der physischen, hier in der Welt geschieht. Der Kontakt mit der Geistigen Welt, mit uns, mit dem All-Einen dagegen, ist kurz, präzise und klar: Die Intention wird gesendet, die Antwort kommt, ich weiß Bescheid.

Deshalb vertraue dir selbst, vertraue dass du, wenn du mit uns sprichst, das sofort unmittelbar und direkt erhältst, was du erfahren möchtest. Und deshalb lausche und höre und fühle in dich hinein, noch intensiver, noch deutlicher, noch stärker nachdem du bereits die Intention gesetzt hast. Denn die Antwort ist bereits da. Sie kommt nicht in der gelebten Realität draußen erst in Minuten, Stunden, vielleicht Tagen. Nein. Sie ist sofort da. Das darfst du erkennen.

Deshalb wiederhole ich es: Du fragst, indem du die Intention setzt, und du erhältst die Antwort mit dem Abschluss des Setzens der Intention. Und deshalb vertraue auf das, was kurz nach, während, ja wirklich bevor du die Intention gesetzt hast, die Frage ausgesprochen hast, bevor all dies geschehen ist, spüre hinein in das, was du wahrnimmst: denn das ist die Antwort.

Mit diesem Rätsel verlassen wir euch für heute.

Den Rhythmus vorgeben

- Wenn ich mir verwehre den Blick auf die Gegenwart,
- wenn ich mir verwehre auf das, was noch kommen wird,
- wenn ich hängen bleibe an dem, was die Vergangenheit mir bereits gezeigt hat,
- wenn ich dort lebe, wo ich bereits war,
- wenn ich weiterhin dort bin, wo ich schon einmal war und nicht dort, wo ich jetzt bin,

... dann verwechsele ich das, was ein Anker ist, mit dem, was die Gegenwart ist, um das zu gestalten, was im nächsten Schritt sein wird, nämlich die Zukunft, die ich jetzt noch nicht sehen kann, aber die in der Gegenwart gestaltet wird. Das was geschehen ist, ist das, was geschehen ist. Es ist schön, manchmal schwierig. Ich erkenne im Rückblick, dass das, was ich getan habe, mir die Möglichkeit gegeben hat, das zu sein, was ich jetzt bin: Mit all den Höhen, mit all den Tiefen. Doch jetzt geht es darum, das zu gestalten, was kommen wird. Und zwar in der Gegenwart und zwar im Jetzt.

Es ist tatsächlich die Frage: Ziehe ich das Hemd, die Bluse, die Hose, den Rock an, den ich gestern ebenfalls trug, nur weil es einfach passend und stimmig ist? Weil ich vielleicht gelangweilt bin oder mir keine Gedanken machen möchte über das, was gerade geschieht und nehme das, was einfach dort liegt? Oder (atmet hörbar ein und hält an) ... ich bin präsent? Ich schaue voraus. Ich spüre, dass etwas, was ich nun von meiner Kleidung tragen werde, das ist, was mich (machen wird) ausmachen wird, in den nächsten Stunden, sei es in meiner eigenen Wohnung, sei es draußen in der Welt.

Ich sehe mich im Spiegel und erkenne, dass ich Ich bin. Ich sehe mich im Spiegel und erkenne, dass das, was ich sehe, mich präsentiert im außen und dann stelle ich mir die Frage: Möchte ich genau so gesehen werden, wie ich mich gerade jetzt sehe? Die Kleidung, die Brille, das Haar, die Hände, vielleicht die Schuhe? Ich sehe mich so, wie ich mich sehe und erkenne, dass ich etwas verändern kann, um mich mehr zu präsentieren, so wie ich sein möchte, wie ich wahrgenommen werden möchte, dort draußen im außen. Es sind Kleinigkeiten, aber diese Kleinigkeiten verändern vieles. Denn sie bringen Zuversicht, denn sie bringen das, was ich in diese Welt hineinbringen kann. Eben nicht das Bild dessen oder deren, die jetzt Schutz braucht. Sondern dessen, deren, die präsent ist. Ich bin ich, so wie ich bin und ich gebe dir und dir, meinem Gegenüber, die Information, dass ich weiß, was ich will, was für mich wichtig ist. Und genau das fordere ich auch ein. Weil ich gebe all die Informationen, die ich brauche, um hier zu sein, wahrgenommen zu werden und so auch entsprechend von meinem Gegenüber wahrgenommen zu werden.

Ich geh mit Zuversicht dorthin, wo ich gehe. Denn mein Schritt ist der Schritt, den ich setze und nicht der Schritt, der von anderen über mich gesetzt wird. Ich erkenne, dass das, was ich tue aus meiner eigenen Intention herausgetan wird. So bin ich frei in dem, was ich tue und dennoch gesetzt durch das, was ich tue. Hilft es mir und fördert es das, was ich jetzt im Hier und Jetzt für mich umsetze? Indem ich erkenne, dass ich hier und jetzt für mich die Verantwortung übernehme, dass ich im Hier und Jetzt die Entscheidung treffe für das, was jetzt kommen wird, behalte ich weiterhin die Fäden in meinen Händen. Und gebe den Rhythmus vor, der in meinen Adern schlägt, übernehme nicht den Rhythmus derer, die im außen sind und mich prägen wollen, sondern, lebe das, was jetzt für mich wichtig ist.

Es mag sein, dass andere nicht verstehen, was ich nun gerade wieder einmal tue. Doch dies übergehe ich mit einem Lächeln. Denn es ist nicht wichtig, dass ich erfülle das, was andere an mich herantragen. Stattdessen, dass ich meinen Weg, dass ich das, was ich als Erkenntnis gefunden habe in den zurückliegenden Jahren, Monaten, Wochen, Tagen, Stunden, Minuten und Sekunden hinein bringe in meine Realität und so das gestalte, was kommen wird.

- *Zu wissen, dass ich nicht bin alleine,*
- *zu wissen, dass ich nicht abhängig bin von anderen,*
- *zu wissen, dass ich das tun kann, was mir persönlich und zwar mir selbst wichtig ist (weil ich aus meiner eigenen Erfahrung heraus die Entscheidung treffe: dieses ist wesentlich, jenes nicht),*

... aus dieser Situation heraus zu agieren, gibt mir die Kraft im Hier und Jetzt so zu sein, wie ich bin, Entscheidungen zu treffen, die andere (aus welchen Gründen auch immer) anders treffen würden. Doch es sind nicht meine. Ich selbst bleibe dabei das zu tun, was mir eingegeben wurde, was ich aus meiner eigenen Erfahrung heraus als das Richtige im Moment erkenne. Und dann wird es leicht, weil ich mit Zuversicht nach vorne schreite, weil ich erkenne, dass meine Entscheidung die ist, die ich getroffen habe und nicht abhängig bin von anderen. Selbst wenn die anderen anderes sagen, lass sie doch das reden, was sie reden. Wen kümmert es? Vor allen Dingen: nicht mich. Ich bin der Herrscher, ich bin die Herrscherin meines Weges. Und genauso wird mein Weg gestaltet sein. Nicht durch die Zweifel, nicht durch das Dazwischen-Reden Dritter und Vierter und Fünfter. Nein, selbst wenn die, die direkt an meiner Seite sind, mir sagen: „Nein, das was du tust, ist nicht richtig, weil..." Nein, nicht wichtig ist dies, wichtig dagegen ist meine persönliche Entscheidung. Und darauf baue ich und darauf setze ich und genau das setze ich um.

So sei denn versichert, dass das, was du für dich selbst entschieden hast, entscheidest und in der Zukunft auch entscheiden wirst unterstützend sein wird für das, was du tust. Gib dem Kraft, was dich fördert. Gib dem Kraft, was dich nach vorne bringt und lass dich nicht ablenken. Schau dorthin, was dich in deiner Vergangenheit bereits unterstützt hat und du wirst erkennen, dass immer du es selbst warst, der dir die größte Kraft gegeben hat. Also nimm auch diese Kraft und schreite fort nach vorne.

Wohlwissend, dass du das Richtige tun wirst, verlassen wir dich für heute.

Die Verbindung leben

Wir glauben zu wissen, was wir dort draußen in der Welt zu erwarten haben, was uns dort draußen in der Welt erwartet. Und genau mit diesem Blick schauen wir hinaus und lenken unsere Schritte dorthin, wo wir glauben, dass der richtige Ort für uns, uns dort auch erwarten wird. Ohne zu bedenken, dass das, was draußen in der Natur geschieht, nicht unbedingt das ist, was mit unserem aktuellen Lebensplan gerade in Verbindung steht, was unserem aktuellen Lebensplan gerade derartig fördert, wie wir es für uns erhofften oder erwarten oder einfach nur erwünschen.

Oftmals vergessen wir, wie wichtig es ist, dass wir uns selbst positionieren dürfen, dass wir uns selbst ausrichten dürfen, dass wir uns selbst leiten lassen dürfen, dorthin an jene Orte, die für uns die richtigen sind. Der Geist, der Intellekt, das Wissen, das wir in uns haben, oftmals führt es uns an Plätze und an Orte und in Situationen, die nichts zu tun haben mit der aktuellen Situation, den aktuellen Geschehnissen, so wie wir sie wahrnehmen. Wir werden manchmal hingeführt an Plätze, an Orte, die wir zuvor nicht auf unserem Fokus, auf unserem Radar hatten. Und kaum sind wir dort, kaum sind wir angekommen, erkennen wir im Rückblick, dass es hier eine Logik gibt, eine klare Abfolge von Situationen, denen wir folgen dürfen. Wenn wir dann mit einem breiten „Ja" das annehmen, was uns gerade vor Augen geführt wird und dass wir hier sind, weil wir gerade hier sein dürfen. Egal ob es ein Platz ist, ein Ort, ein Raum den wir zuvor noch (Wochen, vielleicht Tage, vielleicht Stunden) abgelehnt hatten, aber nun erkennen durften: Ja es ist richtig, es ist richtig jetzt hier zu sein, um das zu tun, was jetzt im Moment wichtig ist. Und dann anzunehmen das, was gerade auf uns zukommt, um es dann entsprechend umsetzen zu können und sich nicht dagegen zu wehren. Sondern anzunehmen, was gerade gefordert wird von mir, was ich jetzt im Jetzt tun kann und dann auch tue und ausführe und im Ausführen erkenne, es ist das richtige. Dann ist es stimmig, dann ist es passend, dann ist es so, wie die Situation es im Moment einfordert und ich es ohne Schwierigkeiten, ohne Widerstand einfach im Fließen geben kann.

Wenn ich dann erkenne, dass die Widerstände, die ich mir selbst aufbaue oder aufbaute nicht nur diese Qualität haben, wie sie zuvor noch hatten, als ich die Widerstände sah als große, dicke Mauern, unbeweglich, ohne Tor und ohne Tür. Nun aber im Tun selbst sehen kann, dass nicht nur die dicke unbeweglich scheinbare Mauer Tore und Türen und Fenster hat, sondern tatsächlich beweglich ist. Ich also im Tun Veränderungen herbeibringen kann, die zuvor nicht einmal gedacht wurden von mir selbst. Weil ich gefangen war, mit Scheuklappen schauend nach vorne, gefangen war in der Welt meiner Wahrnehmung, die ich nicht verändern wollte. Denn sie war ja gefestigt aufgrund der Erfahrungen aus den zurück liegenden Jahren und Jahrzehnten. Nun aber, nun aber befinde ich mich in dieser neuen Situation und erkenne, dass ich in dieser neuen Situation etwas verändern kann, weil ich mich selbst flexibel und verändernd bewege und entsprechend reagiere, auf das, was auf mich zukommt. Und zwar nicht mit festgelegten Mustern und Rezepturen, die ich über Jahrzehnte mitgeschleppt habe in meinem Rucksack. Sondern reagiere auf das, was gerade auf mich zu kommt, mit dem, was ich erhalte als Intention, als Unterstützung von der Geistigen Welt. Weil ich die Verbindung lebe, weil ich in der Verbindung bin und mich nicht mehr abspalte von dem, was mich nach vorne bringt. Nach vorne, d.h. in diesem Moment: Zu sein in der Gegenwart und nicht die alten Rezepte zu verwenden, um etwas zu schaffen, um etwas zu kreieren, was in der Vergangenheit liegt und nicht gestaltet wird durch die Zukunft.

Wenn ich mich dann leiten lasse von dem, was wir mit dem Wort Liebe und Zuversicht und Umsicht und Gemeinsamkeit (definieren), leiten lasse, wenn ich mich dann in einer positiven Weltsicht führen lasse, dann entsteht etwas in meinem Tun, was jenseits der Negativität (die alles zerstört) etwas Neues aufbaut. Etwas Schönes aufbaut, was mir hilft, mich positiv nach vorne auszurichten und wahrzunehmen und anzunehmen das, was gerade mit mir den Kontakt sucht.

- *Wenn ich es dann auch noch schaffe, den Zeigefinger zurückzuführen und nicht auf andere zu deuten und hinzuweisen und jene als die Sündenböcke darzustellen, sondern die Verantwortung selbst für mich übernehme, für mein Tun, für mein Sein,*
- *wenn ich dann tief hineingehe in das, was ich wirklich spüre und nicht (in) das, was ich glaube zu wissen,*
- *wenn ich dann mit diesem Vertrauen mich selbst wahrnehme, mich anschaue im Spiegel und mich selbst sehe, mein physisches Sein und gleichzeitig auch das Innere, mein Inneres (nicht nur das innere Kind, sondern mich selbst, so wie ich bin),*
- *wenn ich dann offen in den Spiegel schaue und mich sehe, so wie ich gerade jetzt bin und mich dann annehmen kann, im Jetzt, im Hier, so wie ich bin und dann „ja" sagen kann zu mir,*

… dann spüre ich die Verbindung zu mir selbst, bin die Verbindung, lebe sie im Jetzt. Und über die Verbindung zum All-Einen, zur Geistigen Welt erschaffe ich Neues, was zuvor noch nicht gesehen und auch ohne Schlacken, ohne Schmutz, ganz frei, ganz offen, ganz leicht, ist, so wie es jetzt ist.

Und damit verlassen wir dich für heute.

Aktiv den Weg wählen

Wenn dich die Gärung treibt aus dem Zimmer (wenn allein das die Gärung ist), dann ist es jetzt der Moment dich zu ändern, einen neuen Weg einzuschlagen, mehr und mehr zu erkennen, was dich als Mensch zusammenhält, was dich als Mensch ausmacht, wer du wirklich bist und dich mit der Frage auseinanderzusetzen:

- *Was bin ich?*
- *Was will ich?*
- *Und auch: Was kann ich hier auf dieser Welt in Verbindung mit den Menschen, die mich umgeben, bewirken, erhalten?*
- *Wie kann ich mein Sein, wie kann ich mein Licht hinein bringen in diese Welt?*

Nicht, damit ich mich suhle. Nicht, damit ich gesehen werde. Nicht, damit andere auf mich reagieren. Sondern, dass ich das hinausbringen kann, mein Licht scheinen und strahlen lassen kann, nach außen, auf dass auch andere (auch) Wärme, Erleuchtung erhalten, dass sie Anteil nehmen an dem, was ich gemeinsam mit ihnen tue, auf dass Neues entstehen möge, vielleicht bisher Ungedachtes. Denn das, was in der Zukunft kommen wird, ist nicht gedacht in der Gegenwart und auch nicht verankert in der Vergangenheit, sondern wird gebildet im Hier und Jetzt.

Wenn ich sitze an meinem Schreibtisch, wenn ich sitze an meinem Katheter, den Bleistift in der Hand halte, das Stück Papier vor mir liegt, das gerade jetzt im Moment noch leer ist, ein leeres Blatt Papier, die Mine im Stift, die Idee im Kopf, die Hand zittert und dann beginne ich. Doch ich wage es, den ersten Punkt zu setzen, ich setze den zweiten, verbinde die Punkte. Es entsteht eine Linie gerade, gekurvt, zackig und dann geht es weiter: Punkt für Punkt, Schritt für Schritt. Je mehr Punkte ich mache, je mehr Schritte ich gehe, desto klarer, desto deutlicher wird das Bild. Das anfangs nur sichtbar war in meinem Bewusstsein, das jetzt aber durch die Tat (die ich bewusst setze, hier im Sein auf das Papier) wird deutlich und klar: Die Idee, gefasst in zwei Dimensionen und doch so gefasst, dass sie in drei Dimensionen gelebt werden kann.

Und so gehe ich hinaus in die Welt, nicht ungestüm, nicht wild, nicht voller Zorn oder Hass. Sondern konzentriert auf den Punkt genau erkenne (ich) mich selbst und mich selbst erkennend, kann ich gehen den Weg da draußen. Mich selbst erkennend, kann ich meine Füße lenken und ganz bewusst und aktiv den Weg wählen, den ich einschlagen möchte im Labyrinth des Lebens. Und selbst hier im Labyrinth stehend habe ich die Möglichkeiten zu überschreiten die Grenzen, die gezogen sind von außen, von anderen, die mir aufdrängen wollten eine Form, die ich zu gehen hätte. Doch nichts hindert mich daran zu überschreiten das, was andere Grenzen nennen. Mich selbst zu leben, ...

- o *indem ich bewusst und klar die Schritte setze,*
- o *indem ich das sehe, was für meine Augen präsentiert wird,*
- o *indem ich das sehe, was andere nicht wahrnehmen.*

Sei es am Rand des Weges, sei es auf dem Weg oder sogar jenseits oder in weiter Ferne, ich lenke bewusst meinen Blick dorthin, wohin ich ihn lenke. Und ich nehme das wahr, was für mich wahrzunehmen ist in der Fülle dessen, was sich vor mir ausbreitet immer dann, wenn ich die Augen geöffnet habe oder die Sinne geöffnet sind.

Wenn ich es dann noch vermag nicht nur rechts und links des Weges zu schauen, sondern auf dem Weg zu erahnen die Fortführung des Weges, den Blick schweifen lasse in die Ferne und auch hoch hinauf zu den Bergen, zum Horizont, zum vermeintlichen Ende (das nie das Ende ist, das doch immer weiter geht), dann bin ich selbstbestimmt und der Mensch, der ich sein darf:

Der Mann, die Frau im Jetzt.

Und so gestärkt kann ich dann eintreten in das, was ich mein Haus, mein Heim, meine Wohnung, mein Zimmer nenne, um mich auch dort wieder wohl zu fühlen. Denn die Grenzen zwischen mir und dem außen sind gemachte Grenzen, gemacht tatsächlich von den Händen anderer, von den Händen Dritter. Und sie grenzen mich nicht ein, sie geben mir die Möglichkeit mein Sein zu erkennen in Form eines Spiegels, in Form der Wahrnehmung meiner Selbst. Und dann wieder gestärkt kann ich hinaustreten dorthin, wo ich auch anderen begegne und die wiederum mit mir gemeinsam etwas erschaffen. Deshalb lasst es nicht sein die Gärung, die dich treibt hinaus, sondern der freie Wille, der Wunsch, die Idee, die Vorstellung und letztendlich die Liebe. Die euch hier im Leben stärkt, die euch hier ins Leben hineingebracht hat, tagtäglich, stündlich, minütlich, immer begleitet, und mit der ihr all das erschaffen könnt, mit der du all das erschaffen kannst, was du hier in diese Welt hineinbringst. Nutze die Liebe, nutze deine Aufmerksamkeit im Jetzt und werde zu dem, der du bist, die du bist.

Und damit ich verlasse ich euch für heute.

Worum geht es in diesem Leben?

Wie, wie werde ich zu dem, der ich werden möchte auf dieser Erde? Wie erfülle ich das Ziel, das ich mir persönlich gesetzt habe auf dieser Erde? Das waren viele, das waren die Fragen, die ich mir immer wieder gestellt habe ...

- *wenn ich einmal Zeit hatte,*
- *wenn ich saß auf meiner Bank in meinem Garten, wenn ich einfach nichts tat außer die Natur anzuschauen, außer mich selbst in der Natur wahrzunehmen,*
- *wenn ich mich wieder einmal fragte: Worum geht es in diesem Leben? Warum ich bin hier auf dieser Erde? Wie werde ich zu dem, der ich bin? Oder bin ich schon der, der ich sein möchte? Oder bin ich der, der ich bin?*

Diese Fragen, sie brachten mich jedes Mal, wenn ich darüber nachdachte an die Grenzen meiner Wahrnehmung, meines Bewusstseins. Denn es gab keine Antwort auf das, es gab keine Antwort für mich auf das, was ich hier als Frage in den Raum gestellt hatte.

So bin ich jedes Mal enttäuscht aus diesem Fragenkonzepten heraus gegangen und werde mich auch in der folgenden, in den nächsten Tagen, auch in den nächsten Wochen, Monaten immer wieder mich damit auseinandersetzen mit dieser grundlegen (für mich grundlegenden) Frage: Ob ich denn mit einem Sinn, mit einer Frage gekommen bin auf diese Welt, um hier zu sein? Ob es denn ein Ziel gab, das ich erreichen müsste? Ein Ziel, das ich erreichen wollte? Oder gar ein Ziel, das ich noch längst nicht erreicht hatte? Oder ob es doch ganz anders war oder ist?

Und nur dann, wenn es mir möglich wurde, mich frei zu machen von den Fragen nach Sinn und Ziel und Ausrichtung und Erreichen, nur dann kam die Ruhe wieder in mich hinein. Nur dann, war es mir möglich, wieder der zu sein, der ich war. Der zu sein, der ich bin, in dem Moment, in dem ich mein Sein wahrnahm und mich schlicht und ergreifend selbst lebte, ohne Vergleich, ohne Angst, ohne eine Ausrichtung. Sondern erkannte, dass ich so wie ich handle, so wie ich bin, dann in meinem Sein tatsächlich bin und dann auch das Beste für mich selbst und auch für andere bin. Das gab mir wieder Kraft für die nächsten Minuten und Stunden und Tage und tatsächlich Wochen und Monate.

Und dann war klar, dass es nicht darum geht, in dem Leben hier auf dieser Erde im Vergleich zu leben, sich zu vergleichen mit denen, die da Spitzenleistungen bringen: im sportlichen, im beruflichen, in den vielen anderen Bereichen auch. Sich nicht zu vergleichen mit denen. Denn das, was sie erleben dort, wo sie sind, dass sie das, was sie tun, nichts zu tun hat mit meinem Leben, mit meinem Sein hier in dieser Welt. Ich brauche sie nicht, um mich zu vergleichen, mich vielleicht sogar kleiner zu machen als ich bin.

Dennoch zeigen sie mir, dass es Möglichkeiten gibt, auf dieser Erde anders zu leben als ich selbst. Dass sie für mich erleben, was ich niemals erleben, ja niemals erleben möchte auf dieser Erde. Dass sie mir dennoch zeigen in ihrem Sein, was alles möglich wäre, was alles möglich ist, weil sie erleben es, sie tun es. Dennoch mein Sein völlig anders gestaltet ist als ihres. Das gilt im (nennen wir es) Positiven, im Erreichen von ungewöhnlichen Zielen, genauso wie auch im (nennen wir es) Negativen, im Erleiden von Schmerzen, von Krankheit und anderem auf dieser Erde. Dass ich erfahre nicht nur durch die Literatur das geschriebene Wort, sondern auch erfahre in der persönlichen Begegnung, dass es Bereiche des Lebens gibt, von denen ich erfahre, von denen ich weiß, die aber nichts mit meinem Leben zu tun haben.

Wenn ich dann versuchte mit meiner zweiten Frau, mit meiner Gattin darüber zu sprechen, dann winkte sie schnell ab und ich war wieder allein mit meiner Gedankenwelt. Das war in Ordnung, das verstand ich, denn es waren meine Gedanken, es waren meine Ideen, es waren meine Vorstellungen, die hier durch meinen Kopf schossen. Und die mir Möglichkeit gaben Gedanken zu entwickeln, die im Vorfeld nicht vorhanden waren, die mich aber weiterbrachten, weil ich nicht aufhörte, darüber nachzudenken und die Vielfältigkeit dieses Lebens wahrzunehmen.

Wenn ich dann darüber reflektierte, dass es Menschen gab in meinem Umfeld, die bereits von mir gegangen waren. Und ich mich alleine fühlte, weil sie mich verlassen hatten, (zumindest war dies mein Eindruck damals), dann gab es sehr schnell (und das war beruhigend für mich), sehr schnell ein Gefühl, das mir half, die Verbindung mit jenen Menschen wieder aufzunehmen, die einst einen sehr wichtigen Teil in meinem Leben eingenommen hatten. Und ich spürte hinein in die Beziehung zu ihnen, ich spürte hinein in all die Geschehnisse, Situationen und Momente, die wir gemeinsam hatten. Ich konnte sie wie in einem Film, wie in einem Video-Film, ich konnte zurück spulen, ich konnte anhalten, ich konnte langsam vor- und zurück laufen lassen, ich konnte jeden Moment, den wir erlebt hatten, neu erleben, immer wieder. Und wissend und erfahrend, dass nichts verloren geht in meinem Leben (all das, was ich erfahre habe, ist präsent, ist vorhanden), das gab mir die Kraft, mit positiven Gedanken zurückzuschauen auf all das, was ich bereits erlebt hatte. Und die Trauer verschwand. Denn die Zeit mit jenen Menschen, mit denen ich mich verbunden hatte zeitlich und physisch waren nach wie vor präsent, konnte für mich abgerufen werden, waren vorhanden. Nichts ist verloren gegangen, es ist immer da. Und so konnte ich denn nach vorne schauen, wissend, ...

- o *dass Erfahrungen immer abrufbar sind*
- o *und dass jede Veränderung in meinem Leben sinnhaft ist,*
- o *dass jede Veränderung basiert auf dem, was bereits geschehen ist,*
- o *dass diese Erfahrungen, dieses Wissen, diese Momente bei mir bleiben und mich unterstützen für das, was da kommt*
- o *und dass das Neue, gar nicht das Schlimme ist, sondern ich mich öffnen darf für all das, was noch kommt im Vertrauen auf das, was ich erlebt habe.*

Die Gegenwart zu erleben, so tief und so intensiv, dass die Angst sich auflöst im Moment, in dem ich ganz bewusst dort bin, wo ich bin und alles andere wird sich regeln. Wenn ich mich dann mit diesem Gedanken wiederfand auf einer Bank im Garten, dann konnte ich entspannt nach vorne schauen, dann konnte ich entspannt mich selbst wahrnehmen und fühlen und war gewappnet für das, was gerade jetzt geschah.

Und damit verlasse ich euch für heute.

In die Falle geraten

Wie oft, wie oft bin ich umgezogen in meinem Leben, wie oft habe ich gewechselt den Raum, wie oft habe ich gewechselt die Stadt, wie oft habe ich gewechselt die Region. Es war nicht oft so viel, als dass ich mich damit brüsten könnte, aber doch gab es immer wieder der Wechsel, zum Beispiel: Hinaus aus dem Elternhaus, der erste Einzug in die Junggesellenwohnung, der „möblierte Herr", eine dann Gesellenwohnung, schließlich die Meisterwohnung, das 1. Haus mit der Frau und immer weiter und weiter. Auch weg aus dem Gefilde der Eltern, weg von der ursprünglichen Firma. Immer wieder Veränderungen und jedes Mal, wenn ich dann in diesen neuen Wohnräumen stand, wenn ich mich eingelebt hatte, eingewohnt war, stand ich doch jedes Mal vor diesen Räumen, in diesen Räumen und musste sie mir erst „erwohnen", erarbeiten. Musste erst ein Gefühl bekommen, dass ich nun in diesen Räumen leben durfte, die mir anfangs (und auch danach noch) als zu groß, zu repräsentativ, zu mächtig, auch zu teuer vorkamen. Und ich musste mich erst einmal als kleiner Mensch einfinden, einfühlen in das, was ich mir da an das Bein - im wahrsten Sinne des Wortes - gebunden hatte.

So lange ich im Unfrieden mit mir war, in Bezug auf diesen neuen Wohnraum (welcher es auch immer gewesen sein mag), so lange der Unfrieden in mir nagte, war das Verhältnis zwischen mir und dem neuen Wohnort ein gespaltener. Und erst dann, wenn es mir dann endlich möglich war zu erfassen, auch das Glück, das ich hatte, zu erfassen, dass dieser neue Wohnraum, dass diese neue Umgebung auch mich repräsentierte, dass ich mich zeigen konnte in meiner Form, in meiner Größe, in meinem Sein. Auch repräsentiert durch diesen neuen Raum, den ich mir erschaffen hatte. Und wie groß war der Schritt aus dem Elternhaus heraus in diese Junggesellenwohnung, dieser „möblierte Herr" plötzlich, ich war halbwegs mein eigener Herr. All das veränderte sich Schritt für Schritt, Jahr für Jahr, Jahrzehnt für Jahrzehnt. Und je mehr ich den Raum, der mich umgab, mehr und mehr für mich auch einnahm und mich selbst dort fand, und auch mit Stolz und

Klarheit schritt hindurch, auch wenn er überdimensioniert erschien, dann doch für mich wie gemacht war. Denn ich konnte wachsen in diesen nun auch gewachsenen Räumlichkeiten, die mir neue Möglichkeiten eröffneten, die zuvor nicht gegeben waren. Und je mehr und mehr ich im Einklang war mit mir und dem Ort (der auch von mir gewählt und bewusst auch genommen wurde), desto stärker konnte auch ich mich und meine eigene Persönlichkeit auch, entwickeln dort und die nächsten Schritte vorbereiten für das, was durch mich noch kommen durfte in die Welt. Was nicht möglich war, in den Räumen, die zuvor ich gelebt und belebt hatte, die mich gewebt hatten, die mich vielleicht auch eingeschränkt hatten, verglichen mit denen, die nun mein neues Zuhause waren.

In diesem Zusammenhang erkannte ich auch, dass das äußerliche Auftreten, dass das sich Präsentieren, dass das „Mich-zeigen" in der Welt draußen, einen starken Reflex und Effekt auch auf mich selbst hatte. Je mehr ich mich zeigte in der Bekleidung, vielleicht auch Schale, die ich mir umlegte, die mich mehr und mehr repräsentierte auf dem (sagen wir) gesellschaftlichen Status, den ich selbst lebte. Nicht mehr der Student, der ich einmal war, nicht mehr der Lehrling. Nein, sondern jetzt der Mann und dann auch der Ehemann, schließlich der Vater, aber immer der Herr Ingenieur... Indem ich mich zeigte in meiner mir standesgemäßen Kleidung nach außen mit Eleganz, mit Klarheit, mit innerlicher Stärke und mit einem Lächeln im Gesicht, so dass auch im außen ich erkannt wurde, als eine Persönlichkeit, die im Leben stand, die im Leben steht.

Zweifel sah man mir nicht an, der war im Inneren und doch nicht im Äußeren und so begegnete man mir mit Respekt und Höflichkeit und Anerkennung auch dessen, was ich tat. Denn die Bewegungen waren geschmeidig, elegant und klar, die Kleidung ausgewählt, gesucht. Und ich freute mich auch schließlich daran mit diesem Spielen, mit diesem Nutzen und Verwenden dessen, was gesellschaftlich möglich war, vielleicht gefragt von mir, aber immer mit meinen eigenen Regeln gesetzt. Denn letztendlich war ich immer der, der in der Werkstatt arbeitete, am Katheder mit seinen

Mitarbeitern in der Firma. Und nicht jener, der zur Oper ging morgens, mittags und abends. Und dennoch nutze ich das, was mir im Äußeren, im gesellschaftlichen Spiel Möglichkeiten gab, die ich nicht hätte nutzen können, wenn ich als Student oder Bettelstudent durch die Straßen gezogen wäre.

Oftmals auch, oftmals auch stand ich vor Problemen. Das ist ganz normal. Das ist ganz bekannt. Jeder weiß, ...

- *dass Situationen auf einen (zu) kommen im Leben, sei es beruflicher, familiärer oder persönlicher Art,*
- *dass Probleme uns blockieren,*
- *dass Probleme unseren Weg verändern, wenn wir es zulassen.*

Ich lernte dabei:

- *Je mehr ich es zuließ, dass ich aus einer Situation, die relativ gering und klein war (man spricht von einer Fliege, aus der man einen Elefanten macht),*
- *wenn ich es zuließ, dass genau dieses Bild eintritt, leben zu lassen in meinem Leben,*
- *wenn ich wieder mal, einer meiner Projekte, das nicht voran gehen wollte, ihm gestattete, wie ein Schatten sich zu legen über das, was mein Alltag bedeutet, was mein Seelenheil bedeutete;*

... dann erkannte ich (leider erst viel zu spät) dass ich wieder einmal in die Falle geraten war. Die es mir nicht möglich machte, real und deutlich und klar die Situation zu erkennen, so wie sie ist. Sondern dass Gedanken, die vorwegpreschten, die Gedanken, die vorweggaloppierten, die Ergebnisse bereits heranzogen, die noch in weiter, weiter Ferne (wenn überhaupt), lagen, dass sie die heranzogen in meinem Jetzt und mir den Sinn vernebelten, den Blick vernebelten für das, was doch surrealistisch, vollkommen ungeklärt auf meinem Schreibtisch lag. Und bei genauer Betrachtung oder bei einer mit Abstand vorgenommener Betrachtung wäre es möglich gewesen

in jenen Situationen mit einem (sagen wir) kühleren Kopf oder emotionslos oder ohne Anhaftungen die Situation anzuschauen und zu sagen: „Gut, die Situation ist, wie sie ist. Ich kann sie nicht ändern. Wir gehen einfach weiter und sehen, was auf uns zukommt und wenn ich sie denn dann ändern kann, dann tue ich es auch."

Gelernt habe ich in jenen Situationen in der Regel erst im Nachhinein. Glücklicherweise schaffte ich es dann auch immer wieder einmal, dieses Gelernte zurück zu bringen und zurück zu führen und ja, anzuwenden dann, wenn es wieder einmal für mich hilfreich war. Und genau in diesen Momenten dann waren die Gefühle positiv, war ich zufrieden, konnte und durfte ich zufrieden sein mit mir. Denn ich war nicht wieder vorauseilend dort, in der Zukunft, sondern agierte in der Gegenwart.

So ist heute an diesem Abend die Bitte an dich, die Bitte an euch: verstärkt wieder dort zu sein, wo ihr gerade im Augenblick seid. Nicht voraus zu denken, nicht voraus zu eilen, nicht wegzuspringen und zu hüpfen, vorweg zu greifen oder vermeintliche Antworten zu nutzen, die bekannt sind, aber dann in die Zukunft projiziert werden, die euch die Gegenwart und dir die Gegenwart zu erschweren. Sondern vertrauend im Augenblick im Jetzt zu agieren, anzunehmen das, was auf dich zukommt. Ja, manches ist nicht so wie gewünscht. Doch vieles ist besser als das, was erwartet. So seid denn mehr und mehr im Augenblick, im Jetzt.

Nimmt auch an die Liebe zu euch selbst. Und mit diesem Dank an euch selbst, mit diesem Dank an die Geistige Welt, in diesem Fall an uns, schließe ich an diesem Abend. Und ja danke an euch, dass ihr immer wieder Verbindungen sucht, den Weg sucht, nicht aufhört, weiterzugehen diesen unbeschreiblich schönen und wichtigen Weg. Dass ihr offen seid für das, was da kommt. Denn das, was da ist, ist das, was euch unterstützt.

Und damit verlasse ich dich und damit verlasse ich euch für heute.

Scheinbare Probleme

Nein, du bist nicht allein, wir sind immer um dich herum. Es gibt kein Grund daran zu zweifeln, dass du immer in Begleitung bist. Denn auch wenn du uns auch nicht spürst, auch wenn du glaubst, dass du wieder einmal verloren bist oder als alleinige Seele allein unterwegs bist, das ist nicht der Fall, denn wir sind immer um dich herum. Es ist ein Wimperschlag, es ist ein Gedanke, es ist eine aufbauende Intention und du wirst erkennen, dass wir in deiner Nähe sind, dass wir dich führen, auch wenn die scheinbaren Probleme, die dich umgeben, so groß sind, dass du daran verzweifeln magst. Doch bei genauerer Betrachtung wirst du immer wieder erkennen, dass die Probleme, die jetzt auf dich zukommen, wahrlich verglichen mit jenen, die du vor Jahrzehnten gelöst hattest, natürlich größer sind, komplexer sind, auch einer anderen Lösungsmethode bedürfen, als die, die weit, weit zurückliegen. Und dennoch ist es so, dass du auch damals schon die Komplexität der Probleme erkanntest und sie lösen konntest. So kannst du auch jetzt das lösen, was gerade vor deine Füße fällt, in welcher Form auch immer. Und es ist nicht so gedacht, dass du hier mit Problemen belastet wirst. Sondern dass Lösungen für dich gefunden werden über die Art und Weise, wie du mit diesen Schwierigkeiten umgehst. Du wächst an dem, was dich gerade blockiert. Kannst abwerfen Ballast, du kannst dich entfernen von Personen, Situationen und Schwierigkeiten, du kannst den Ort wechseln und du wirst eine andere Form von Freiheit kennen lernen, die dir ein neues Lebensgefühl gibt.

Und so wirst du denn dann in dem Rückblick auf das, was dich wieder einmal zum Wachsen, zum Erblühen gebracht hat, zurückschauen und erkennen, wie folgerichtig es war, dass jene oder jener Stein plötzlich in deinen Leben sich befand. Und dass du hüpfen musstest über jenen Stein, vielleicht auch über jenen Felsen krabbeln musstest, klettern musstest. Aber dadurch du dich auch selbst wieder gefestigt hattest, dich auch selbst wieder gefunden hast.

Das, was du einmal zurückgelassen hast, kannst du neu aufnehmen. Kannst neu in dein Leben wieder integrieren das, was du glaubtest schon verloren zu haben und so dich selbst mehr und mehr wieder finden. Deshalb vertraue darauf, dass das, was jetzt auf dich zukommt, das Richtige ist. Wenn auch es so unglaublich erscheint, so unglaublich erscheint, als dass, das Richtige sein könnte. Deshalb nimm das an, was gerade als Aufgabe dir gereicht wird. Lehne es nicht ab, sondern gehe ganz bewusst, ganz aktiv damit um. Ergreife es als Gelegenheit: Der Wandel, das Wiederaufnehmen dessen, was du einmal abgelegt hattest, wird jetzt für dich nicht zur Herausforderung, sondern zur Aufgabe, um dich selbst zu finden. So ist auch die Ruhe wichtig, „das Sich-zurückziehen", das „Dich-selbst-wahrnehmen so-wie-du-bist". Und du weißt am besten, wo und an welchen Stellen und an welchen Orten du dich am besten wieder findest. Denn es geht nicht darum irgendetwas neu zu erfinden, sondern dich selbst so wahrzunehmen, wie du bist.

Mit diesem Rätsel verlassen wir dich, verlassen wir euch für heute.

Das Formen der eigenen Meinung

Ja, ja ich hatte, ja ich hatte immer meine eigene Meinung. Ja, ich war immer bewusst, dass ich selbst wusste, was ich dachte und auch wohin meine Gedanken mich geführt haben. Mir war immer klar (zumindest glaubte ich das), dass ich mir meine eigenen Gedanken und meine eigenen Vorstellungen und meinem eigenen Wissen immer bewusst war, deshalb auch entsprechend handelte. Es gab Momente, in denen ganz deutlich vor meinen Augen stand, ich hätte dies und jenes zu tun, ich hätte dies und jenes jetzt umzusetzen und ich war ganz sicher, dass das, was ich gerade tat, das richtige war. Denn meine Vorstellungen waren gebildet durch das, was ich zuvor erfahren hatte. Ich glaubte an meine eigenen Gedanken, ich glaubte an meine eigenen Vorstellungen. Dennoch ließ ich mich auch (und da war ich sehr froh darüber), ließ ich mich auch korrigieren durch die Informationen, die ich erhielt durch andere, die ich zu mir kommen ließ. Um dann wiederum zu erkennen, dass das, was zuvor noch als Meinung in meinem Kopf gebildet war, dem heutigen Stand nicht mehr passte, sondern dass ich es verändern musste und auch hier war ich offen.

Dennoch, dennoch hatte ich eine klare Linie. Diese klare Linie war es, die für mich wichtig war. Denn ich selbst wollte ich selbst bleiben und nicht ein Fähnchen im Wind sein, das gedreht und gewendet und gewerkt wird durch den Wind. Sondern dass ich mich persönlich zeigte, als das, was ich bin oder das, was ich war.

Und so wurde für mich klar, dass meine eigene persönliche Meinung geformt wurde durch jene, die mir Informationen gaben und gleichzeitig auch durch das, was ich abgleichen konnte. Abgleichen konnte an Wissen, das ich mir selbst aneignete. Immer war mir dabei bewusst, ...

- *dass ich niemals selbst der Gral des Wissens in mir tragen konnte;*
- *dass ich niemals selbst für mich entscheiden konnte,*
- *dass nur ich selbst die Antwort hatte, auf das, was draußen geschah in der Welt, in der Gemeinde, in der Umgebung;*
- *dass ich immer schauen musste, was tun denn die anderen und was kann ich denn tun, um mich selbst hier an dieser Stelle zu finden.*

Dennoch war es für mich immer wichtig, dass ich eine eigene Meinung hatte, dass ich für mich selbst erkannte, wohin es gehen sollte, dass ich mich nicht jenseits der Menschen, der Gesellschaft und all der Personen, die ich kannte, dass ich mich selbst daneben stellte, um allein wie ein Einsiedler zu leben. Sondern ich mir selbst auch bewusst machte, dass ich Teil dessen bin, was hier geschieht, dass ich Teil dessen bin, was auch mich ausmacht und dass ich mich zwar setzen könnte neben all diese Entscheidungen und diese Geschehnisse, aber dass das nicht förderlich ist. Denn ich benötige (im wahrsten Sinne des Wortes), ich benötige die Hilfe der anderen, um das leben zu können, was ich gerade für mich als Leben bezeichne. Und selbst im Kleinsten sind es die, die mich unterstützen, um das erhalten zu können, was ich brauche: Sei es das Brot, sei es das Mehl, sei es das Gemüse, sei es der Schnitt im Garten. Sei es die Post, die mich erreichen muss, damit ich erfahre, was gerade draußen geschieht, vielleicht auch die, die mit der Nachricht mich erreichen wollen. Und dann, wenn mich die Nachricht erreicht, dann kann ich immer noch darauf reagieren, so wie es für mich richtig ist.

Wir wissen, dass die Welt, so wie sie entstanden ist, in dieser Form, in der sie entstanden ist, ein völliger Ausnahmezustand ist, dessen, was auf dieser Erde, in diesem kleinen Planetarium, in diesem Universum überhaupt entstehen kann. Wir sind ein Produkt dessen, was sich entwickelt hat in einer Dimension, die unbegreiflich war im Beginn und auch in der gesamten Entwicklung selbst. Zu erkennen, zu wertschätzen dessen, was wir zurzeit hier auf dieser Erde als Mensch erleben dürfen, wertzuschätzen das, was wir gerade hier wahrnehmen dürfen, ist eines jener großen Geschenke, die wir erhalten haben.

Abzugrenzen das von dem, was wir mit Angst, mit Sorge, mit Furcht immer wieder projizieren. Abzugrenzen von dem, verglichen mit dieser unglaublichen Güte, die wir erfahren dürfen, dass wir als Individuum leben dürfen auf dieser Erde, in dieser Welt, jetzt und hier und in diesem Sein. Anzuerkennen, dass das, was wir jetzt erleben, das Größte ist, das für uns auf dieser Erde, in diesem Sein, in unserem Sein gerade gereicht wird. Und das dann entsprechend zu leben, wäre das nicht schön? Statt zu ... (er atmet tief ein und aus) *mit Ärger, mit Sorge und mit Angst darauf immer wieder zu hämmern, dass das und jenes, überhaupt dies und das nicht funktioniert. Zu erkennen, dass wir hier leben dürfen auf dieser Erde jetzt und so – und wie wir jetzt auch gerade leben- dass wir das Beste daraus machen können. Mehr sogar noch als das, was zurzeit gerade geschieht. Wir haben die Werkzeuge in der Hand, wir haben die Möglichkeiten, wir hatten sie immer in unseren Händen. Und ich weiß noch genau, als ich in einer Werkstatt saß und zum allerersten Mal erkennen durfte, dass es möglich ist, mit Hilfe eines transparenten Filmes etwas auf die Leinwand zu projizieren, das bewegte Formen dort wiedergab. Das war so schön. Das war so besonders. Das war so unglaublich. Und heute, da wir wesentlich weiter sind in unserer Entwicklung, lasst es einfach zu, dass es geschehen kann, dass wir das in die Welt bringen, was in diese Welt hineingehört. Und zwar jetzt und zwar sofort und ohne, ... ohne Widerstand. Gemeinsam, gemeinsam zu erkennen, dass wir Menschen sind, wir alle - wir alle verteilt über diesen Kontinent, über diese Erde - darum geht es. Wir sind Menschen, wir bevölkern diese Erde und wir leben im Jetzt.*

Und damit verlassen wir dich für heute.

Die Welt als Spielraum

Auch wenn ich spüre, dass ich jetzt im Moment alleine bin in meinem Raum, alleine in meinem Haus, alleine dort, wo ich lebe, alleine dort wo ich bin, so bin ich niemals allein. Denn ich bin angebunden, an all´ jene, die mir sowieso durch die Gedanken gehen, die mich begleitet haben, die mich jetzt begleiten und die mich begleiten werden in der kommenden Zukunft und darüber hinaus. Dass ich angebunden und verbunden bin, mit allem, mit jedem, mit jeder, jederzeit, immer und überall.

Und wenn auch sie schon gegangen sind, die mir ganz eng waren, die, mit denen ich die meiste Zeit verbracht habe, in meinem Leben, die, die ich am allerliebsten an meiner Seite hatte, auch wenn sie schon gegangen sind, so sind sie niemals wirklich gegangen, denn sie sind lebendig in mir. Die Verbindung wird niemals enden, selbst dann, wenn ich einmal glaube, sie vergessen zu haben: Ein Windhauch, der Duft, eine Berührung, ein Kleidungsstück wird mir sie sofort zurückholen, auch wenn ich glaubte, sie für einen Moment vergessen zu haben. Und ich brauche nicht innerlich zusammenzuzucken, ich brauche nicht zu erschrecken, ich könnte etwas vergessen. Selbst wenn ich vergessen hätte, kurze Zeit nur, niemals ist die Verbindung getrennt, immer ist die Verbindung vorhanden.

Was ist denn wichtig, dass ich immer wieder mich erinnere an jene Szenen in meinem Leben, die ich einst als Anker gesetzt hatte, für die Gegenwart, in der Zukunft, sprich heute, im Jetzt? Um mich dann wieder zu erinnern an jene Momente, die doch so besonders waren, weil sie einzigartig waren und jetzt im Rückblick noch einzigartiger erscheinen: Die erste Fahrt mit dem eigenen Auto, das erste selbstverdiente Geld, das erste Mal in einem Opernhaus, die erste Reise, all diese Momente - vielleicht auch der erste Kuss.

Und dann die vielen anderen Momente, die scheinbar vergangen, scheinbar vergessen, immer wieder dann erscheinen, wenn ich doch meinen Blick lenke zurück dorthin, wo ich schon einmal war, wo ich jetzt wieder sein kann. Denn in diesem Moment gibt es weder Raum noch Zeit, keine Trennung, die es schon gab.

Deshalb gehe weiter nach vorne mit festem Schritt. Wer nichts wagt, der nichts gewinnt. Also wage und du wirst gewinnen und gehe weiter nach vorne. Erkenne, dass dir Hilfe angedeiht in dem Moment, in dem du zulässt, dass andere dir Hilfe geben. Auch wenn sie in vollständig anderer Form erscheint an deiner Seite, dass du sie annehmen kannst, in einer Form, die von dir zuvor nicht so erdacht werden konnte.

Deshalb gehe milde mit dir um und milde mit denen, die dir begegnen. Denn nur gemeinsam wirst du das erreichen, was du dir als Ziel gesetzt, zumindest die 1., 2. und 3. Schritte, die erste Etappe. Natürlich ist es wichtig, die Zügel in der Hand zu halten, das Ziel zu bestimmen, klar darüber zu sein, was nun kommen wird. Doch die, die dir helfen, lass auch sie ihre Position finden in dem (nennen wir es) Spiel, das du gerade am Spielen bist.

Klarheit ist wichtig, Klarheit ist sogar unumgänglich. Mit Klarheit räumst du vieles aus dem Weg, was jetzt im Moment als Gerümpel um dich herum liegt, aber dann erhältst du ein freies Spielfeld und weiter geht´s und Neues darf kommen. Deshalb stecke nicht zu eng ab deinen Claim, den Bereich, den du bespielen möchtest, sondern öffne dich für weiteres. Zwänge dich nicht ein in eine Box, sondern trete aus der Box heraus. Nicht die Weide, die eingezäunt ist, ist deine Spiel Box. Sondern (darüber solltest du nicht erschrecken) die Welt ist dein Spielfeld, dein Spielraum, den du für dich ergreifen kannst. Der für dich ausgebreitet ist, damit du darüber schreitest, darauf schreitest, dich findest und indem du dich findest, andere. Die dann gemeinsam mit dir auch sich selbst finden und ihr zum „Wir" kommt. Das wiederum gespeist wird und letztendlich endet im „Ich", was der Anfang ist und mit Anfang und Ende, Ende und Anfang verschmelzen.

Deshalb verzweifle nicht, über das, was einmal geschehen ist, weil es nicht wieder geschehen kann. Es ist geschehen, es ist Teil deiner Biographie, deines Seins, niemals vergessen, immer vorhanden, immer präsent. Und das, was du jetzt erlebst, ist das, was du jetzt erlebst. Als du 12 Jahre alt warst, glaubtest du nicht, jemals das erreichen zu können, was du mit 30, 50 oder 70 erreicht hast. Doch so ist es jetzt. Sei offen, für das, was da kommt, ohne danach zu streben, ohne danach zu kämpfen. Sondern gib das, was du kannst, gib dein Bestes mit dem besten Gefühl der stärksten, innigen Verbindung zu dir selbst und damit zu uns. Und lass dann das geschehen, was geschieht, ohne sich abhängig zu machen von den Reaktionen derer, die um dich herum sind.

Und damit verlassen wir dich für heute.

Wie gehe ich mit mir selbst um?

Warum eigentlich sind meine Gedanken immer fünf oder zehn Schritte vor meinem eigenen Körper? Warum bin ich immer gefühlt in der Zukunft und nicht dort wo ich wirklich gerade real und physisch bin? Warum male ich mir immer wieder Situationen aus, die da kommen könnten in der nahen oder ferneren Zukunft, in der Regel mit negativen Vorzeichen? Warum schaue ich immer dorthin, wo es mir doch eher weh tut, als dorthin, wo ich Freude, Energie und Kraft finden kann und sie auch für mich nutze? Warum muss die Zukunft immer dunkel sein und die Wolken immer voller Gewitter hängen? Statt dass ich erkenne, dass das, was gerade ist, es genauso ist, wie es ist und ich die Möglichkeit habe, im Jetzt zu entscheiden und zu gestalten, das, was als nächstes auf mich zukommen wird; ohne jetzt schon zu wissen, wie es denn da ist in fünf oder zehn Tagen, Wochen oder gar Monaten.

Ja, ich kann mein Leben gestalten. Ich kann die Schienen und Weichen so einstellen, dass eine bestimmte Richtung erreicht wird. Ich kann auch darüber nachdenken, mich darin suhlen, all das, was gerade geschieht, das schlechteste ist, was mir überhaupt passieren kann, dass es keinen Ausweg gibt. Dass all das, was ich mir gerade zusammenbastle, das ist, wie es gerade ist und kein Ausweg kommen wird. Aber wenn ich dann die Hilfe anderer, Dritter, Freunde und Bekannte vielleicht annehme: Dann plötzlich geht alles Schritt für Schritt einen eigenen Weg, in einer eigenen Geschwindigkeit auch. Und wenn ich dann erkenne, dass nicht der Widerstand das Ende aller Tage ist, sondern dass sich neue Wege finden, andere Lösungen auftun, als die die ich gedacht, erdacht, mir vorgespiegelt habe. Wenn ich dann merke, dass neue Freiheiten auf mich zukommen, die ich zuvor noch nicht gesehen habe, aufgrund von Entscheidungen, die ich getroffen habe, ohne daran zu denken, dass in absehbarer Zeit etwas geschieht, das mich wiederum aus der Bahn werfen könnte? Wo ich doch versuchen sollte (und nicht nur sollte), wo ich leben sollte im Jetzt.

Ja, Veränderungen sind schwer, besonders dann, wenn ich sie mir selbst schwer mache. Wenn ich dagegen erkenne, dass eine Veränderung nichts anderes ist, als die Bewegung aus dem Stillstand heraus, eine andere Form der Fortbewegung: Stehen, Gehen, Ankommen, Weitergehen. Nichts steht in dieser Welt, nichts ist ausbalanciert, alles hat sein Für und Wider, ein hin und her. Und genau diese Bewegung brauchen wir, um weiter und fort und voran zu kommen. Auch voran zu kommen in unserer inneren Entwicklung, die immer bei uns ist und uns die Möglichkeit gibt, hier in dieser Welt so viel wahrzunehmen, was nur wir als Individuum wahrnehmen können. Kein anderer erlebt das, was wir erleben. Kein anderer geht den Weg, den wir gegangen sind. Selbst wenn er nahe bei uns ist. Und wenn wir dann ganz offen und ganz ehrlich in einer stillen Stunde allein, vielleicht im Bad in den Spiegel schauen und uns selbst ansehen, dann erkennen wir uns.

- *Und wenn wir es dann zulassen, dass wir uns selbst im Spiegel sehen,*
- *wenn wir dann zulassen, dass plötzlich nicht das Spiegelbild vor uns steht, sondern dass ein Mensch vor uns steht,*
- *wenn ich vor mir selbst stehe, wenn ich so wie ich bin, mich selbst sehe, vor mir, wissend all das, was ich erlebt habe, was ich denke, was ich fühle, was ich weiß, was ich bin,*
- *wenn ich diesen Menschen, also mich, vor mir selbst sehe (wissend, mit all meinen Sinnen, das erlebt wurde, was diesen Menschen, also mich, ausmacht),*

… wie gehe ich denn um mit dem, der jetzt vor mir steht? Reiche ich mir selbst die Hand? Weise ich mich selbst zurück? Umarme ich mich? Kann ich mich so annehmen, wie ich bin? Kann ich mich lieben, so wie ich bin? Wie ich mir selbst erscheine, wissend, wie ich bin? Mit all den inneren und innersten Erfahrungen, Geheimnissen? … Wie gehe ich mit mir um, mit mir selbst?

Mit dieser Frage verlasse ich euch für heute…

In der Einheit sein

*"Wenn ich gebe, dann erhalte ich,
wenn ich teile, dann vermehre ich und
wenn ich bin, dann erleuchte ich."*

Diesen Drei-Zeiler kennt ihr bereits. Vor langer Zeit, nicht gar so langer Zeit wurde er bereits von mir formuliert. Und genauso ist es mit dem Wissen, das ihr euch selbst angeeignet habt im Laufe der Zeit, das euch begleitet, das Werkzeug für euch ist, mit dem ihr hantieren könnt und auch hantiert. Dennoch ist es immer wieder wichtig, sich zu vergegenwärtigen, wie das eine oder das andere Werkzeug auch verwendet wird, wie die richtige, die funktionsabhängige Verwendung dem Werkzeug selbst zugutekommt und auch der Tätigkeit, die damit ausgeführt werden soll. Blindes oder unsachgemäßes Umgehen ist nicht hilfreich. Wichtig ist es zu schauen:

- *Worum geht es?*
- *Was will ich?*
- *Und wie erreiche ich das, was ich möchte?*

Und so sind es doch nicht nur die Werkzeuge, die wir regelrecht verwenden hier im Alltag. Sondern auch der gesamte Umgang mit uns selbst und mit den Menschen in unserer näheren und ferneren Umgebung. Dabei können wir vertrauen auf das, was wir als Erfahrung gesammelt haben über viele Jahrzehnte hier auf dieser Erde. Und können es nutzen, um unseren Standpunkt selbst zu festigen, um uns selbst zu platzieren dort, wo wir sind, mit unserem Licht, mit unserem Wissen, das wir angesammelt haben über viele Jahrzehnte. Nicht brauchen wir uns infrage zu stellen, immer und immer wieder wie wir es getan haben als Kind, als Jugendlicher. Sondern das, was wir tun, tun wir aus Überzeugung und weil wir es abgeklopft haben, abgeklärt haben in viele Richtungen. Und dennoch, es sind nicht die Worte an denen wir hängen sollten, es sind nicht die Sätze und es ist nicht das, was wir schwarz auf weiß nach Hause tragen können, auch bisher getan haben. Wichtig ist das, was ich gerade jetzt im Moment fühle, was ich wahrnehme, wo ich bin, mit meinen Gedanken, mit meinen Emotionen, aber auch mit meinem spirituellen Körper. Bin ich in meiner Einheit, bin ich bei mir, bin ich angebunden: Ich höre die Worte, ich lasse sie fließen und ich spüre über den Rhythmus, das hier etwas in einem Fluss ist, das mir persönlich etwas sagt, dass mir die Möglichkeit gibt, etwas zu erhalten. Und über das Erhalten und über die Schwingung auch etwas weitergeben zu können, so wie das Wasser im Flussbett von der Quelle bis zur Mündung fließt.

- Wenn ich mich dann noch positioniere, dort wo ich bin
- und auch anderen damit zeige, dass auch sie dort sein dürfen, wo sie sind, so wie sie sind, ...
- und dass sie von mir genauso mit Liebe angenommen werden, wie ich mich selbst annehme und sie sich hoffentlich selbst auch und damit auch andere, ...

...dann geschieht etwas in unserem Umfeld, das grundsätzlich gut ist. Und wir brauchen uns nicht zu beschränken auf die, die in unserer näheren Umgebung sind. Da wir angebunden sind und verbunden sind und eins sind mit allen, die hier auf dieser Erde zur aktuellen Zeit leben. Und somit auch uns selbst ausmachen, denn wir sind nicht nur wir selbst, sondern die anderen.

So nutze denn die Qualitäten der Zeit in der du bist, der Jahreszeit in der du bist. Nutze die Helligkeit, nutze die Dunkelheit. Nutze die Schnelligkeit und die Langsamkeit, die dir gegeben wird, dir vorgelebt wird, die dich in diesem Rhythmus hält von Tag und Nacht, von Stunde und Minute, von Kommen und Gehen und füge dich ein in diesen Fluss des Lebens. Und spüre dich genau dort, wo du bist.

Und damit verlasse ich euch für heute.

Ein neuer Zyklus entsteht

Das Leben, wenn wir uns das genauer anschauen, besteht aus vielen, vielen, sehr vielen verschiedenen Phasen. Und wenn wir genau hinschauen, dann beginnt das physische Leben hier auf dieser Welt damit, dass ein Samen auf ein Ei trifft und plötzlich, wie aus dem nichts, entsteht ein Embryo.

Wenn wir dann zurückschauen auf das, was wir heute sind, dann ist das, was wir ursprünglich einmal waren als wir kamen auf diese Welt, ein völlig anderer Zustand, als das, was heute existiert. Wenn wir auf all die Phasen schauen, die unser Leben ausgemacht haben, dann sehen wir, dass alles anders war, als wir es erwartet haben, als wir es geplant haben und dann letztendlich leben durften. Und dass auch das, was wir jetzt leben, mit dem, was wahrscheinlich demnächst auf uns zukommen wird, nichts zu tun haben wird. Weil unsere Vorstellungen sind unsere Vorstellungen. Aber das, was das Leben ausmacht, ist etwas anderes, als das, was das Leben wirklich ausmacht. Und dennoch, wenn wir zurückschauen, werden wir erkennen. Und auch diesen einen Satz, den werden wir nicht negieren können, denn der Satz lautet: Wir leben, ich lebe, ich bin jetzt und all das, was bisher geschehen ist, ist geschehen, hat mich dorthin gebracht, wo ich bin und wenn ich weiter nach vorne schaue, dann wird es mich auch weiterhin dort hinbringen, wo ich dann sein werde, wenn ich wieder zurückschauen werde.

Vergleichbar ist (es) dies mit dem Wachstum in der Natur: Eine Pflanze wächst, eine Pflanze entwickelt eine Blüte, eine Pflanze entwickelt in der Blüte einen Samen, der Samen fällt auf die Erde… und aus dem Samen entspringt etwas, … und zwar das, was die Pflanze ist. Es verändert vollständig die Form. Denn aus dem kleinen Samen wird etwas, was zuvor nicht gesehen wurde in diesen Samen. Es entsteht eine Pflanze. Die Pflanze entwickelt eine Blüte. In der Blüte entsteht etwas, was wiederum einen Samen in sich trägt. Und in dem Moment, indem die Pflanze stirbt, fällt der Samen zu Boden und ein neuer Zeitraum, ein neuer Zyklus entsteht.

So ist es denn auch in unserem Leben, dass wir... das sind, was wir sind und zwar gerade jetzt im Moment. Und dennoch entsteht das, was als Neues aus uns herauswächst. In der Regel ist es etwas völlig anderes als das, was ursprünglich in uns steckt und doch ist es ähnlich. Aber es hat mit der Form des Ursprungs nichts mehr zu tun.

So ist auch unser Leben geprägt von Wechseln, von Veränderungen, die darauf basieren, dass das, was wir bereits einmal getan haben, uns weiterbringt. Aber eine Veränderung entsteht und aus der Veränderung entsteht etwas Neues, und dieses Neue ist dann das, was uns ausmacht. Deshalb darf ich offen sein für das, was entsteht, aus dem, was gerade eben noch vergangen ist. Dass ich offen sein darf, für das, was kommen wird und dass ich nicht festhalte, an dem, was zurückliegt. Weil das, was zurückliegt, ist vergangen und es geht um das, was jetzt im Moment ist.

Nicht kann ich hinausschauen in die Zukunft und schauen und forschen und erkennen, was da auf mich zukommt. Aber ich kann gestalten im Jetzt, im Hier das, was da kommen wird. Und vor allen Dingen mit Zuversicht und mit Vorausschauen, dass da wieder etwas Neues kommt auf mich zu, und dass ich der oder diejenige bin, die das entsprechend umsetzen wird. So wie ich es bisher auch immer umgesetzt habe, denn ich bin alles andere als ein Ball, der auf den Wellen treibt. Ich bin ich. Und ich forme und gestalte das, was mich ausmacht. Ich akzeptiere das, was ich annehmen kann, und ich weise jenes zurück, was nichts mit mir zu tun hat. Manches ertrage ich, weil die Situation es ebenso bringt, wie sie es gerade an mich heranträgt. Aber: ich bin mir dessen bewusst. Und so lange ich mir dessen bewusst bin, kann ich annehmen und nicht ertragen, sondern annehmen das, was da gerade kommt.

Der verwirrte Geist, der mir etwas entgegenwirft, hat nicht die Möglichkeit eine Kontrolle auszuüben und auch Verantwortung zu übernehmen, nicht nur für sich, sondern auch für mich, für das, was ausgesprochen wird. So liegt es an mir zu erkennen und durchlässig zu sein an jenen Stellen, an denen Worte, Gedanken ... auf mich prasseln, die nichts mit mir zu tun haben, die ich dann auch abgleiten lassen kann.

Und dennoch gestalte ich selbst meine eigene Zukunft. Es ist nicht meine Aufgabe, ... die Welt zu retten, denn die Welt rettet sich selbst nicht. Die Welt tut das, was sie tut. Die Natur tut jenes, was sie tut.

Meine Aufgabe aber ist es hier im Jetzt zu sein: Die Menschen, die mich umgeben, zu berühren, mit ihnen im Kontakt zu sein, mich auszutauschen, ... Worte zu finden, die andere berühren, ohne danach zu fragen, ob sie erkannt haben, ob dieses oder jenes geschehen ist. So bleibe denn... gerade jetzt in diesen Tagen mit so vieler positiver Unterstützung, mit so vielen positiven Licht hier in dieser Welt, auf dass das, was gerade geschieht, von dir auch mit- (nennen wir es) kompensiert werden kann. Weil du selbst in deiner eigenen persönlichen Stärke lebst und den anderen zeigst (ohne, dass du missionarisch unterwegs bist), zeigst, dass du hier und jetzt, im Jetzt bist. Und damit lebst und jenen anderen zeigst, dass genau das möglich ist.

So verlasse ich dich heute für diesen Abend mit dem Hinweis: Sei du selbst, so wie du bist. Und strahle dieses Licht nach außen, auf dass andere erkennen, dass es möglich ist, selbst zu sein. Und (du) mit diesem Selbst-Sein auch andere berühren kannst und damit Stärke bringst und Kraft und Zuversicht in das gesamte Gefüge dieser Welt. Die Liebe zu dir selbst ist das Wichtigste. Und indem du dich selbst liebst, liebst du andere. Und damit gibst du Kraft und Unterstützung in die Welt, auf dass das, was fehlt, ergänzt wird über dein Sein.

Und damit verlasse ich dich für heute.

Zur Beachtung

Dieses Buch soll und kann keine Therapie und keine ärztliche Diagnose ersetzen. Die Verfasser geben weder direkt noch indirekt medizinische Ratschläge, noch verordnen sie die Anwendung als Behandlungsform für Krankheiten ohne medizinische Beratung. Ihnen als Lesern werden Mittel aufgezeigt, um die eigene Medialität zu erkunden und zu entwickeln.

Natürlich steht Ihnen das Recht zu, die vorliegenden Informationen im Sinne einer Selbstbehandlung anzuwenden, doch sollten Sie beim Auftreten von Krankheitssymptomen unbedingt einen Arzt oder Heilpraktiker konsultieren. Die Ratschläge in diesem Buch sind von den Verfassern sorgfältig zusammengetragen und geprüft worden; eine Garantie kann jedoch nicht übernommen werden. Eine Haftung für irgendwelche Schäden ist ausgeschlossen. Weder die Autoren noch der Verlag können für die Folgen, die aus der praktischen Anwendung oder dem Missbrauch der in diesem Buch enthaltenen Informationen entstehen könnten, verantwortlich gemacht werden. Wer für sich selbst die Techniken der im Buch vorgestellten Techniken ausführt, ohne sich genau an die Anweisungen, Erläuterungen und Warnungen der Autoren zu halten, tut dies ausschließlich in eigener Verantwortung.

Danksagung

Unser tiefster Dank gehört dem All-Einen, personifiziert durch Rudolphs Dialoge, der uns medial Praktizierende immer wieder mit seinen Energien und Worten berührte. Wir danken auch den unterschiedlichen Teilnehmern unserer Medialen Praxisgruppen in 2021, insbesondere unserem Kernteam Christina, Inge, Manfred und Rolf für ihre Offenheit, Zeit-Engagement und ihre Fragen. Ohne sie und ihre Neugierde, wäre dieses Buch nicht zustande gekommen.

Inge hat zudem eine Vielzahl der vorliegenden Audios in Texte umgewandelt, die unsere Freundin Renate auch diesmal mit viel Liebe und Engagement korrigiert hat.

Zum Schluss danken wir dir, liebe Leserin, lieber Leser, dass ihr euch den Weisheiten Rudolphs geöffnet habt. Denn – auch wenn wir uns persönlich nicht kennen mögen – seid ihr es doch, die uns die Kraft gebt dieses neue Buchprojekt zu verwirklichen.

Eure Iris & Martin